TikTok头号玩家

TikTok直播+短视频+达人营销玩法全拆解，全球带货不迷路

郭冠辰 ◎ 著

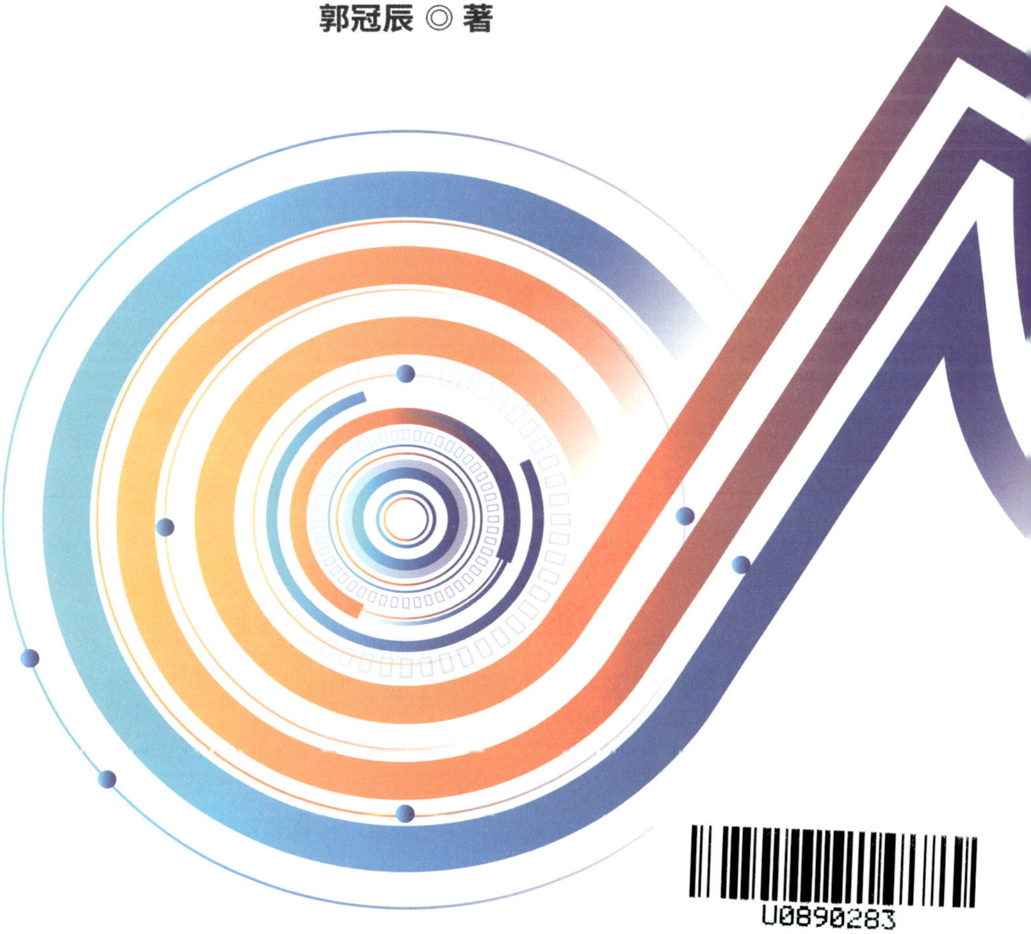

SPM 南方传媒 | 广东经济出版社

·广州·

图书在版编目（CIP）数据

TikTok 头号玩家/郭冠辰著. —广州：广东经济出版社，2023. 3
ISBN 978 – 7 – 5454 – 8512 – 7

Ⅰ. ①T… Ⅱ. ①郭… Ⅲ. ①网络营销 Ⅳ. ①F713. 365. 2

中国版本图书馆 CIP 数据核字（2022）第 189330 号

责任编辑：郑秋瑛　刘　燕
责任技编：陆俊帆
责任校对：孔绮怡

TikTok 头号玩家
TIKTOK TOUHAO WANJIA

出 版 人：李　鹏
出版发行：广东经济出版社（广州市环市东路水荫路 11 号 11～12 楼）
印　　刷：珠海市国彩印刷有限公司
（珠海市金湾区红旗镇永安一路国彩工业园）
开　　本：787mm × 1092mm　1/16　　**印　　张**：14
版　　次：2023 年 3 月第 1 版　　**印　　次**：2023 年 3 月第 1 次
书　　号：ISBN 978 – 7 – 5454 – 8512 – 7　　**字　　数**：240 千字
定　　价：69. 00 元

发行电话：（020）87393830　　编辑邮箱：gdjjcbstg@ 163. com
广东经济出版社常年法律顾问：胡志海律师　　法务电话：（020）37603025
如发现印装质量问题，请与本社联系，本社负责调换

序

2022 年，新的互联网红利出现了！

如果你是国内成熟的电商卖家、外贸企业主、工厂老板、品牌商，又或者是电商从业人员、自由职业者、职场新人、初次创业者、持续创业者，那接下来这个互联网大红利千万不能错过！

这个新的互联网大红利是什么呢？它就是 TikTok 跨境电商！

2022 年，中国经济面临极大困境和挑战。在国内消费和投资规模不断萎缩的情况下，国内几乎所有企业的营收都受到冲击，跨境电商成为国内许多企业获取营收增长的新选择。

虽然目前较少企业进入跨境电商这个赛道，但在原有传统跨境电商平台和渠道，中国卖家也是内卷的。而从传统电商平台到兴趣电商，让企业获取更多利润成为可能。中国卖家们在传统跨境电商平台内卷多年，利润率不断下降，基于 TikTok 的兴趣电商避免了传统电商平台购物时的比价过程，让卖家可以获得更为可观的利润。

更为重要的是，TikTok 就是抖音海外版，能在极短时间内打造出爆品和电商新品牌，这也是 TikTok 区别于传统跨境电商平台和渠道的重要特性。

TikTok继承抖音的推荐算法，正在或已经成为全球移动流量之王。

App Annie预估2022年TikTok月活跃用户将达15亿，TikTok正在越来越多地抢占其他平台的用户时间。广泛的影响力和用户的深度参与将会产生巨大的商业价值。同时，TikTok在2022年依然是颠覆性和流派融合的主力。

2022年将是Z世代转向社交互动电商的元年，现在是他们的首选平台TikTok培养用户忠诚度的时候。

TikTok布局电商后，围绕这个新兴的全球社交媒体宠儿，新的生态正在形成。这里聚集了大量的参与者，催生了新的职业方向和创业方向，包括但不限于TikTok达人、TikTok带货主播、TikTok电商等等。

对于跨境电商而言，流量的重要性不言而喻，TikTok拥有庞大的深度用户群体，庞大的流量，不可估量的潜力，TikTok将是或已经是跨境电商必不可少的平台。

TikTok无论对开展跨境电商业务的商家还是对从业者来说，都处于流量红利期和政策红利期，让我们一起抢红利吧，替自己成就非凡之路！

目　　录

【TikTok 短视频带货攻略】

【TikTok Shop Plus 达人营销】

【TikTok 直播带货攻略】

TikTok短视频带货攻略

1　TikTok 带货短视频的创作

TikTok 也叫抖音海外版，是专门提供给海外用户使用的 App，国内用户想要安装使用，可扫描封底二维码了解相关指引和操作方法。TikTok 账号的运营攻略可参考另一本头号系列的书《抖音头号玩家》，接下来我们看看 TikTok 上的带货短视频该如何创作。为了便于读者理解，书中部分图片展示的是使用 TikTok 平台自动翻译后的画面。

1.1　短视频拍摄及剪辑

优质的带货短视频需要具备以下几个要点。

1.1.1　画质清晰，不能模糊

要做到画质清晰，必须要：①拍摄的设备配置要高，一定要能产出清晰的画面。②拍摄灯光要把控到位。很多时候拍摄设备很好，但拍出来的画面还是很模糊，有非常多噪点，这可能跟灯光没有控制好有关，无论是灯光的强弱还是灯光的角度，都需要进行把控。③视频文件一定要进行无损耗传输。有可能我们拍摄视频的时候用的是 A 手机，发布的时候用的是 B 手机，在文件从 A 手机发送到 B 手机的过程中，如果传输方法不当，就会导致视频文件被压缩，这样上传的视频就比较模糊。

这里推荐几种无损耗传输方法：如果是苹果设备之间互传，建议直接用隔空投送；如果是不同设备之间互传，如苹果设备传到安卓设备、PC 端传到安卓设备或 PC 端传到苹果设备，建议用数据线传输，如果觉得麻烦，也可以用另一个比较简单的方法，即用 QQ 或者企业微信进行传送。用 QQ 传送的话，视频会被轻微地压缩，注意一定要点击文件进行传送；用企业微信传送的话，视频不会被压缩，可以更好地保持视频的画面质量。

1.1.2 产品突出

突出产品有很多种方式，最简单的是通过构图来突出重点，可以借用相机九宫格线条来完成。

首先，我们在相机设置中打开网格或构图，然后再打开相机，就可以看到九宫格线条了。图 1－1－1 所示为两个视频在九宫格构图下看到的视频截图。

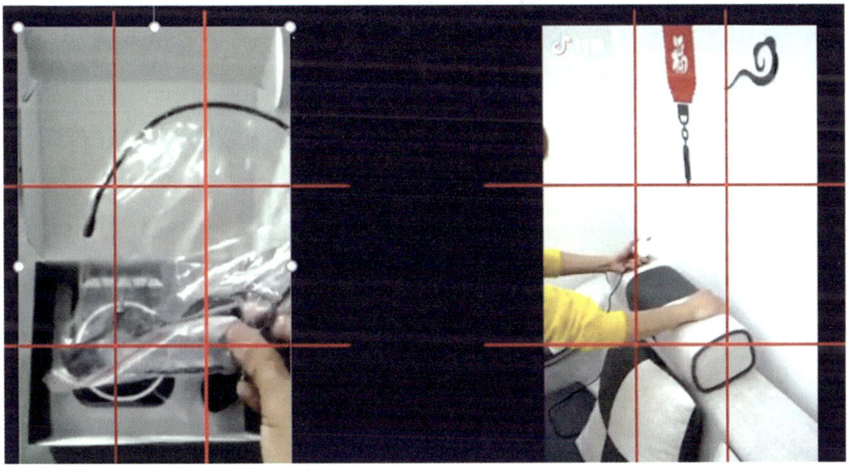

图 1－1－1　九宫格构图下的视频截图

无论是左边还是右边的画面，观众的视觉都是没有中心点的，也就是说观众不知道该往哪里看，这样的视频给观众的观感体验是非常差的。另外，图中所展示的产品主体在画面的下端，整体构图偏下会导致另一个问题，因为在 TikTok 视频的界面下半部分有账号、ID 以及视频标题等信息，构图偏下会导致产品主体被这些信息遮挡，使观众看不清产品。

因此，拍视频时，我们可以借用九宫格线条这种最简单的方法来帮助构图，直观地把产品凸显出来，这样既符合观众的视觉焦点，画面看起来也会更舒服。

1.1.3 节奏感强且明快

TikTok 的大部分用户是没有耐心的，只是想放松娱乐一下，所以能够给到每条视频的时间很少，基本上前 3 秒就决定了是否喜欢这条视频，视频节奏缓慢将无法抓住他们的注意力。

在 TikTok 上，要在非常短的时间内营销并激发受众购买欲，就需要强化短视频的节奏感，可以由下面几点入手：

（1）快速进行镜头转场衔接，去除多余的镜头。比如，有个模特拿吹风机吹头发，然后换不同的吹风机头来展示吹头发的效果，那么在换吹风机头的时候，就应该在拔下吹风机头这个画面后紧接上另一个吹风机头的画面，中间放下吹风机头并拿起另一个吹风机头的镜头就是多余的，去掉这些多余的镜头，整个视频的节奏感就增强了，这样也更容易抓住观众的眼球。

这里有个概念叫内容密度，好的节奏感来源于高密度的内容。1 分钟的内容，提取要点去掉无效时间后，压缩成 15 秒去表达，而不能把 15 秒的内容拖沓成 1 分钟，稀释内容密度。

（2）展示使用效果。高密度内容的视频需要对视频内容做好节奏安排。如果要展示卷发棒这个产品，视频开头应该慢镜头展示卷发的效果，迅速抓住观众眼球，引发关注，接着介绍使用的卷发棒品牌，卷发棒该怎样拿，以及卷发棒的使用过程等，这些镜头可以快速过一下，选择几个关键的动作镜头用正常速度展示即可，最后展示卷发后的效果时，镜头就要慢且要全面。

（3）背景音乐 BGM 的加持。非常有节奏感的音乐，能让观众欲罢不能，沉浸式地把视频看完，而且还会重复多次看。因此，视频里添加的音乐，应该是热门的、节奏感强的音乐。

了解了带货短视频需要具备的几个要点后，我们再来看一下带货短视频的剪辑技巧。

剪映是抖音官方出品的剪辑软件，所以剪辑时比较推荐用剪映（图 1-1-2）。剪映有国内版和海外版（CapCut）两个版本，推荐使用国内版，整体功能会更加完备。我们来具体了解一下剪映的功能。

图 1－1－2　用剪映剪辑视频

第一个功能是视频剪辑。点击【剪辑】，进入二级菜单，可以看到有对视频进行分割、调节、动画设置、删除、智能抠图、美颜、裁剪等功能。调节功能可以通过调整饱和度、亮度、锐化程度来美化图片；智能抠图可以智能地把人像抠出来；蒙版可以把两段视频画面中各自需要展示的部分选出来，然后结合到一个画面同时展示；色度抠图可以把背景抠成一些其他的内容。这些都是视频剪辑时经常使用的功能。

第二个功能是音频。有音乐、音效、提取音乐、抖音收藏、录音等功能。音乐库中有剪映自带的音乐，当视频需要添加音乐时，可以在里面选择。音效有笑声、鼓掌声等，当视频需要烘托气氛时可以用。如果有一些非常好听的背景音乐在剪映自带的音乐库里搜索不到，可以直接把有这个背景音乐的视频下载下来，然后从相册里选择导入视频后提取音乐，这样就可以把这个视频的背景音乐以音频的形式导入剪映里了。

第三个功能是抖音收藏。在刷抖音的时候，听到好听的音乐可以点击收藏。在抖音收藏这一栏，可以找到收藏的音乐。因为剪映和抖音是互通的，所以在抖音收藏的音乐，会直接同步到剪映。

第四个功能是录音。录音是非常好用的功能，在剪辑完视频后，可以让声音好听的主播小姐姐帮着配一下音。

第五个功能是文字。可以给视频加文案等。点击新建文本，在文字模板里选择各种类似于艺术字的模板，然后输入文字内容就可以了。

第六个功能是识别字幕。如果一条一条对着画面给视频添加字幕会麻烦，用剪映的话，只需要点击识别字幕，不管视频是用英文还是用中文，它都能自动识别字幕，并保证音轨和视频内容对齐。识别歌词也是同样的操作。

第七个功能是添加贴纸。贴纸对视频画面起到装饰的作用，能增加画面的趣味性。点击添加贴纸后，可以在画面上移动贴纸的位置。

第八个功能是画中画。画中画可以将不同的视频在同一时间节点展示出来。比如 A 视频已经导入进来了，如果我们想让 B 视频和 A 视频进行重叠，就可以点击新增画中画，将 B 视频也导入进来，这样在同一时间点，就可以同时播放 A 视频和 B 视频了。

第九个功能是特效。视频里一定要慎重使用特效，加太多特效会非常影响观众的观感体验。

第十个功能是滤镜。滤镜可以把画面变得更有风格，平时拍照也会用到这个功能。

第十一个功能是调整视频画面比例。TikTok 跟抖音一样都是竖屏画面，所以手机满屏的比例是 9∶16。如果是 16∶9，那就是横屏的比例。竖屏的形式是平台所提倡的，通过用户调研发现，这种形式更受观众喜爱。所以最好是顺应平台的要求，拍摄、剪辑视频都用竖屏。有些从其他平台搬运过来的横屏视频在 TikTok 上的播放效果没有之前好，就与画面的比例关系非常大。

第十二个功能是背景。共有三个子选项：①画布颜色。可选择红色、黄色、绿色等纯色背景，这种纯色背景实际应用得比较少。②画布样式。画布样式里会有各种各样的花纹，实际应用得也不多。③画布模糊。画布模糊是把视频平铺到整个平面上，然后对视频进行模糊处理，背景的画布跟视频最好同步移动，这样观众的观感会好一些。

第十三个功能是调节。这里的调节跟剪辑二级菜单里的调节是一样的，就是对亮度、对比度、饱和度、光感、锐度进行调节。拍摄人像时建议把锐度调高 5～8，这样人像会更加清晰。

1.2 短视频的内容设计与脚本

短视频和直播想要足够吸引人，就必须进行内容设计。

如果主播在介绍产品时，只是罗列式地介绍这个产品是什么，它的功能有什么，材质怎么样，介绍完就接着介绍下一个产品，整个直播就会非常枯燥，主播也没能把产品的亮点凸显出来。如果主播介绍产品 iPhone 时说 iPhone 是打了 7 折的 iPhone，那么这个 7 折就是产品的亮点，所以内容设计首先要围绕产品亮点展开。内容设计还包括主播的话术节奏感和展现力设计。场景搭建也是内容设计的重要部分，比如卖羽绒服的跑到雪山上，一边吸氧一边卖羽绒服，这个场景就已经有非常强的内容感了。

说到底，内容设计就是要吸引受众注意力并激发购买欲。

带货短视频最核心的要点就是充分突出产品的亮点并形成转化出单。比如商家是卖女装的，请了一位比较性感的美女来展示这件衣服，而且还穿着这件衣服跳了一支舞，做成带货短视频发出去后，点赞、关注、评论、转发等各方面的数据都很好，但就是不出单。这时应该反思一下，这个视频的内容是不是与产品相关，吸引观众关注的内容点和产品的关联度如何。仔细分析就会发现，虽然美女穿的衣服跟产品有关联度，但是展示的内容与产品关联度不高，美女的颜值和跳舞的内容已经掩盖了产品本身。这等于是将产品依附在其他内容上，美女和舞蹈成了引流的关键，吸引的就是娱乐流量，这些流量不具备电商属性，而且把整个账号的定位标签也带偏了。

TikTok 带货短视频内容包括以下四个要点：①展示生活中遇到的痛点场景；②展示解决痛点的产品的外观样式；③展示产品使用场景和使用方法；④展示产品的使用效果。

下面，我们根据四个要点来构建视频的内容次序。

第一种做法是顺叙，即按①→②→③→④次序构建内容。视频第一时间给观众展示生活中遇到了什么无法解决的痛点，接着把产品放到屏幕中展示，然后展示这个产品应该怎么用，怎样才能解决痛点，最后给观众展示使用效果（图 1－2－1）。

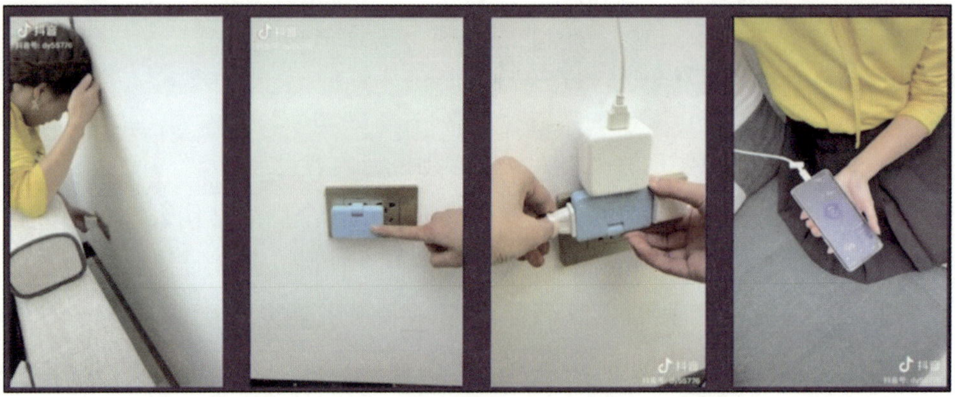

①展示痛点　②展示产品外观　③展示使用方法和使用场景　④展示使用效果

图1-2-1　带货短视频内容设计思维导向图

第二种做法是倒叙，即按④→②→③→④次序构建内容。倒叙适用于使用前后对比非常强烈的产品。视频一开始就直接展示产品的使用效果，比如你的产品是“神奇抹布”，它能够擦污垢，灶台一抹就非常干净，不用洗洁精就能抹干净油腻的餐具。视频可以在刚开始就把灶台擦一半留一半，把洗过的碗和没有洗的碗摆在一起，形成鲜明对比，这样观众一进来就会有非常强的视觉冲击，就可以抓住观众眼球，让观众愿意看剩下的内容；接着展示产品的样式外观，然后再展示产品应该怎么使用，最后又一次展示产品的使用效果。

第三种做法是多带入场景，即按③→③→③→④次序构建内容。不管是生活场景还是使用场景，场景一定要多。每增加一个场景，就增加了这个产品的使用群体，产品的受众就更广了。

第四种做法是教学，即按②→③→④次序构建内容。核心点是展示如何使用产品和使用后的效果。这种做法和顺叙非常像，但是核心点不同。比如：每家每户基本都会遇到沙发背后的插座问题，所以这个时候视频的落脚点就是如何解决这个痛点；如果是一个卷发棒的视频，它展示的是卷发棒的使用过程，以及使用卷发棒后的效果，这个就是教学的核心点了（图1-2-2）。

图 1-2-2　卷发棒的使用视频截图

1.3　短视频营销文案要诀

短视频中能做文案营销的地方有四个。

第一个位置是视频上半部分的文案位（图 1-3-1）。该位置营销的核心点是画龙点睛，不能喧宾夺主。一定要言简意赅，内容尽量简短，一般就三五个单词，字体小一点。如果字体太大，或者内容写得太多，会遮挡视频内容。

如果卖家觉得非要用文字才能解释清楚视频要展示的内容，那说明这条视频没有拍到位。要记住用动态的视频去展示内容比用静态的文字去解释内容更能获得观众的喜爱。文字阅读需要经过大脑思考，而看视频是填鸭式的灌输，不用经过大脑思考就可以理解。

第二个位置是视频下半部分的文案位（图 1-3-2）。该位置在设置文案时，有四个需要注意的地方：

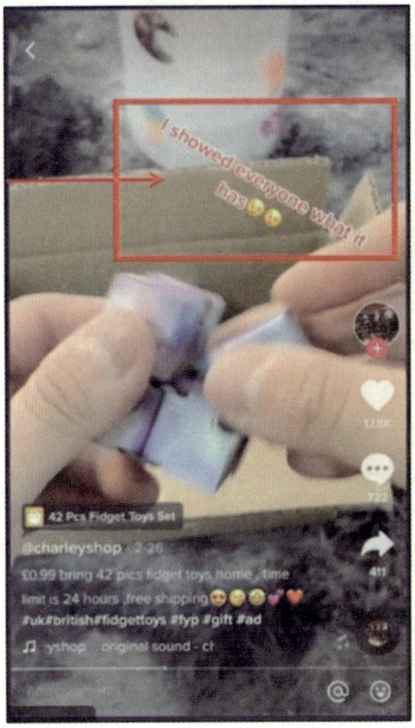

图1－3－1　视频上半部分的文案位

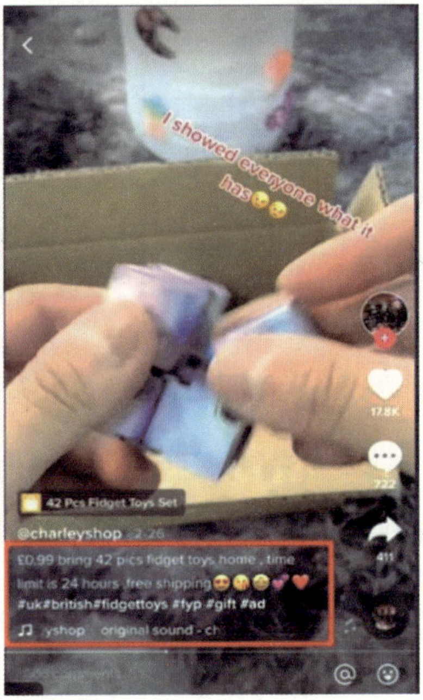

图1－3－2　视频下半部分的文案位

（1）不能太长。如果文案写得太长，不但会将观众的注意力吸引到文案上，还会遮挡视频内容。

（2）不能太短。有的商家觉得视频已经解释得很清楚，而且又特别有趣，就不写标题或者只写一个单词，甚至直接打几个标签了事。在TikTok上还真有一些这样的视频比较火，但这只是少数现象。较为完整和精准的表达还是有必要的，一是为了帮助观众更快速地阅读，二是为了将精准的流量过滤进来。抖音用户基本都是中国人，都看得懂汉字，文案的功能没有那么明显；而TikTok上的流量来自全球，全世界各个地方的人都会看，那么语言就成了一个非常好用的过滤器。

比如，商家想要运营英美地区的客户，但发现进来的很大部分流量来自东南亚甚至俄罗斯，这时就可以用英语去过滤流量，因为东南亚的人看英文内容时，会觉得有一点障碍，没有那么舒服，系统就会判定这条视频可能不适合推荐给东南亚地区的人，而应该推荐给英语地区的人，他们才是视频的精准用户。用这个方法就可以过滤一些无效流量，导入更多精准流量。

（3）打精准标签。在视频标题中打上标签，可以帮助商家找到精准的客户。比如，卖衣服的就打上#衣服，卖新奇特产品的就打上#新奇特等。

（4）打泛标签。比如卖衣服大类里面的晚礼服，精准标签是#晚礼服，泛标签就是#衣服。泛和精准只是相对概念，都是为了引流。只有泛标签而没有精准标签，会比纯精准标签获得的流量更大，这个流量中也包含一部分精准流量。

第三个位置是视频的评论区域，在这里要着重突出核心亮点（图1-3-3）。在这个区域做文案营销有几个好处：

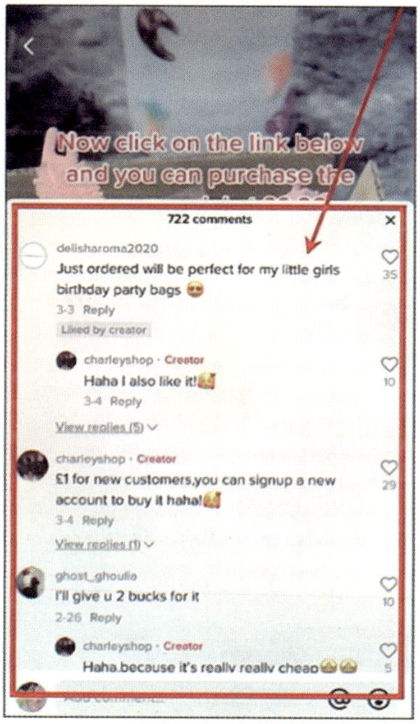

图1-3-3 视频的评论区

（1）视频评论区是能够写最多字的地方，解释视频内容的文案都可以写在这里。

（2）可以在该区域解答观众的问题，解答时还可以加上一些引导性文案，如让观众去点小黄车加购等，引导观众下单。

（3）可以引导已经购买的观众在该区域写一些评论，给其他观众提供更多参考信息。

（4）可以强化认知。在评论区多写一些观众想要看的产品的信息，让观众觉得这个商家很专业。

第四个位置是主页简介位。在设置该位置的文案时，需要注意以下几点：

（1）核心要点要一目了然，让观众一进来就知道并记住你是干什么的。如图1－3－4所示，第一句话写的是全球包邮，这凸显了卖家身份，观众一眼就能知道这是一个卖家；第二句话写的是点击下面的链接可以购买；第三句话写的是最高打三折。简单三句话，每一句话都在传达一个信息——我是一个又便宜又包邮的卖家。这个主页简介就可以让观众快速抓住要点并记住。

图1－3－4　主页简介

（2）主页简介位最多只能容纳80个字符，卖家要充分利用这80个字符，尽量写满，充分体现卖家的专业程度，让观众有更强的信任感。

（3）文案要有醒目的效果，可以用表情或缩写等制造效果。表情可以作为每一句话中间的断点，如图1－3－4所示，第一句话的两边加了个小火苗，最后一句话两边加了一个引导的手势符号，看起来就很醒目。

1.4 短视频背景音乐及卡点

短视频的黄金三要素分别是视频、文案、音乐。音乐在短视频中发挥着至关重要的作用。

带货短视频选取音乐时有三个要点，分别是：

（1）音乐要和视频的内容相匹配。比如要拍一个非常欢快的场景，就要选明快的音乐。

（2）音乐要有轻快的节奏。带货短视频采用轻快的、节奏感强的音乐更容易将观众带入视频中，激发观众的购买欲。比如，带货视频里播放了一首非常舒缓的钢琴曲，虽然观众听着音乐很舒服，心情也特别平静，但是达不到激发其购买欲的效果，与我们想要的结果背道而驰。

（3）音乐与视频的内容最好能进行卡点，这是很大的加分项。如果音乐卡点刚好能与视频画面匹配、联动，那观众的情绪就会被视频带动，进而营造一个很好的情绪氛围。

在配乐的时候还要注意音乐版权问题，有些音乐在某些地区是无法使用的。视频配乐侵权可能导致视频直接被移除；也有可能视频上传的时候有声音，但是一段时间后系统通知音乐侵权了，接着直接把视频静音处理了。这些对账号多少都有影响。

怎样才能找到没有版权使用限制的音乐呢？

最保险的方式就是使用系统音乐列表中的音乐。TikTok 上两种账号有系统的音乐列表，一种是创作者账号（creator account），一种是企业账号（business account）。

如果是个人创作者，首先要确认自己的账号是不是创作者账号，如果不是，就去设置和账户隐私管理页面（setting & privacy—manage account）切换为专业账户（switch to pro account），选择创作者账号（creator），即刻就完成了账号类型的切换，不用审核。然后重新进入音乐（sounds）页面，会看到页面上方多了一行提示，点击上方的【sounds】标签，打开下拉选项，就可以看到商业音乐标签【commercial sounds】，点击【commercial sounds】标签，可以看到商业音乐列表，这个列表中的音乐都是可以商用的（图 1－4－1）。

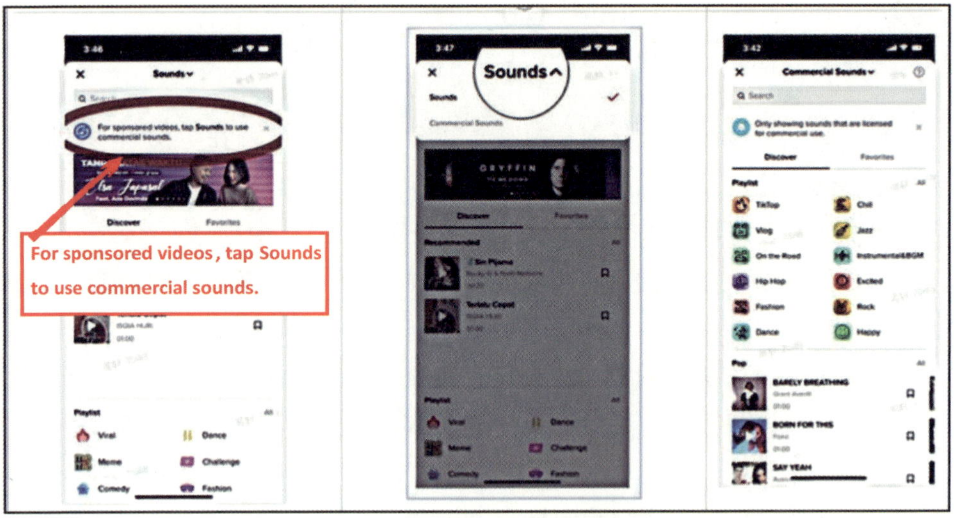

图 1－4－1　创作者账号下的商业音乐切换

如果是企业创作者，首先要确认自己的账号是不是企业账号（business account），如果不是，在设置和账户隐私管理页面（setting & privacy—manage account）切换为专业账户（switch to pro account），选择企业账号（business account），也是即刻就能完成切换，不用审核。再次进入音乐（sounds）页面，发现顶部标签已经变成了商业音乐（commercial sounds），且不允许更改。企业账号必须使用商业音乐，这个列表中的音乐都是商业音乐，直接在里面选择就可以了（图 1－4－2）。

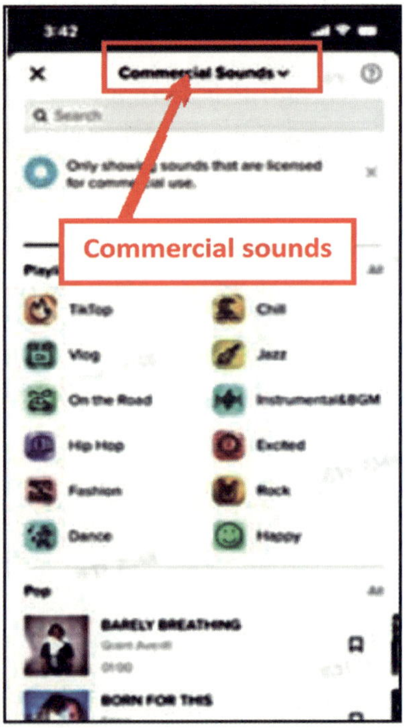

图 1－4－2　切换为企业账号后的商业音乐列表

如果不是使用 TikTok 系统列表中的音乐，就要注意规避音乐的版权问题。无法预先判断某条音乐是否侵权，也可以上传后由系统判断。

其实带货短视频用到的音乐不用太多，

找到 5 ～ 10 条能用的就够了，这些音乐都可以反复使用。

1.5 高效批量产出短视频

为了提高视频产出量，有些卖家会通过批量搬运视频再进行二次创作的方式来创作视频，不建议长期用这个思路去做短视频。这种短视频往往没有好的带货效果，同时也不能锻炼团队创作带货短视频的能力，而且这种视频容易在检测时被判定为重复视频，被系统拒绝通过。

创作短视频需要较多的时间，卖家可以用两种方式来完成短视频的制作。

第一种方式就是我们前面提到的，批量搬运视频再进行二次创作。

先要找视频素材。比如国内的抖音、快手、哔哩哔哩、西瓜视频，海外的 YouTube、脸书等，甚至 TikTok 上面火过的视频都可以拿来进行二次创作，通过二次创作赋予这些视频新的亮点。

批量获取视频的工具可以用【哼哼猫去水印】（一款可以去除视频水印的 App，见图 1－5－1）。这个工具是付费的，一个月大概 30 元，能够快速提升创作者获取视频的效率。

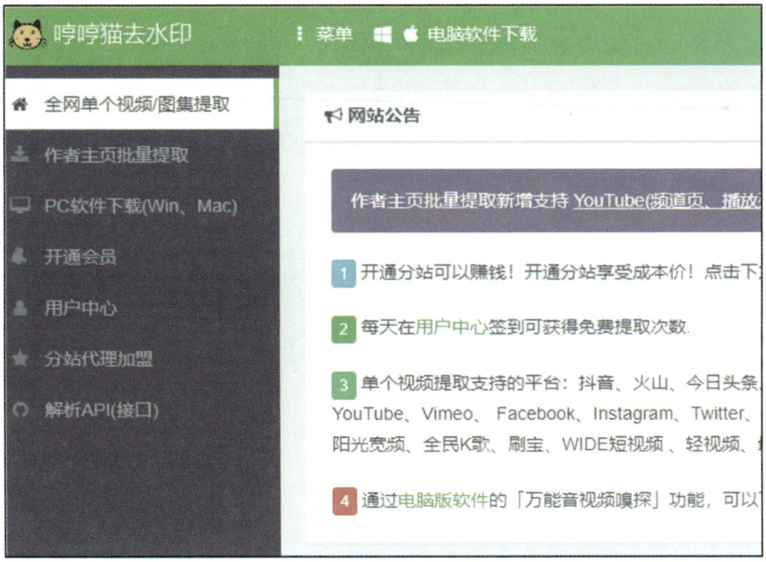

图 1－5－1 【哼哼猫去水印】操作界面

二次创作可以通过抽帧、插帧、去头尾、放大、缩小、变速、加滤镜、加特效、加画中画等操作来达到视频去重的效果。自己动手去重会很麻烦，市面上有很多去重工具可以用来代替人工去重，但是好用的工具很少，大部分工具剪出来的视频质量会变得很差。也有一些功能强大的工具，比如能自动进行 AI 换脸，把亚洲人换成欧美人的面孔，或者能把中文转换成英文等，但这样的工具收费比较高。

这种通过软件进行二次简单创作所产出的视频质量往往比较差，可能运营 200 个账号中只有 1 个账号能火爆起来；而通过人工精细化二次创作的视频质量会更高，有可能运营 5 个账号就能有 1 个账号火爆起来。相较而言，人工精细化二次创作的方式运营效率更高。

第二种方式是自主原创。自主原创高效生产短视频由浅入深有三个阶段，具体为：

（1）探索性生产阶段

探索性生产阶段的核心要点就是模仿。首先要寻找对标账号，收集爆款视频。如果我们想卖的产品是一个蓝牙音响，就可以先找 10 ～ 20 个主推蓝牙音响的优秀账号作为对标账号，学习并理解对标账号里的爆款视频。爆款视频是指同一个账号里播放、点赞、评论、转发的数量都比其他视频高很多的视频，账号里面的视频并不都是爆款视频，但每一个做得好的账号一定会有一两条爆款视频。假如一个账号里的视频平均播放量为 6 万～ 9 万，其中有几条视频有几十万甚至上百万的播放量，那么这几条视频就是我们应该收集学习的视频。

接着我们来分析这些收集到的爆款视频。第一要看视频的整体拍摄，理解视频的拍摄思路，如第一个镜头在拍什么，怎么运镜等等。第二要看镜头之间是怎么转换的，怎么做价值的沉淀。最后要看这个视频怎么做价值的升华，如何对观众进行引导。整个视频脚本要逐一拆解，拆解完会发现这些爆款视频都是不一样的，有的是真人入镜，有的是开箱视频，有的是实景使用，然后看看这些脚本有没有反差，有没有对比等。

比如有的视频是真人出镜，亮点就是模特，模特的形象气质非常适合这个产品，这个时候我们就要问自己是否具备这个条件，也能拍摄这种视频了。

开箱视频就没有过多限制和要求，自己一个人也能拍，需要注意的无非就是打光，控节奏，保持镜头的稳定性，加一些运镜等。

还有些视频利用反差或者翻车的形式来吸引观众的注意力。

分析完各种脚本的拍摄思路、拍摄手法、剪辑方式之后，就可以开始尝试创作脚本和拍摄了。

如果我们的产品具备很多功能，市场上同类产品也具备这些功能，大家的产品都差不多，那么做视频的时候如果把所有卖点都展示出来，就等于这个产品没有卖点，或者说没有独特卖点。

做视频其实是做产品广告宣传，这时应该专攻一个最独特甚至是唯一的卖点，摈弃其他卖点。比如我们要卖户外扩音器，它的卖点可能是防摔、防水、防刮、声音大，虽然卖点很多，但是很多同行的竞品也能做到，这个时候我们就可以专攻一个卖点。

如果打防摔这个卖点，拍摄脚本可以是：主人公拿着扩音器在外面奔跑，跑着跑着突然扩音器摔在地上，捡起来扩音器还在一直响；如果想要更强烈的冲击力，也可以让主人公拿起扩音器就往地上砸，捡起来后扩音器还是一直在响。这是两个比较简单的展示防摔特性的视频脚本，也可以再想想其他表现方式，把防摔这个卖点打透。

如果想主打防水这个卖点，拍摄脚本可以是：主人公用扩音器播放广播体操的音乐，正在做操的时候，突然下起了倾盆大雨；或者楼上泼了一盆水下来，刚好泼到了衣服和扩音器上，但是扩音器还是一直在响。这样的视频脚本既有冲突，又能把产品的卖点展示出来。

如果想要体现扩音器声音大这个卖点，拍摄脚本可以是：一个人站在一楼楼道里打开扩音器，然后另一个人拿着相机跑上最高层都能听见，这就展示了扩音器声音大的卖点；或者运用剪辑技巧，为了凸显扩音器音量大这个特点，可以把周围环境音弄小一点，然后把扩音器的音量提高。

做短视频需要非常多的灵感和创意，有了模仿对象之后可以先模仿，然后再尝试加入自己的想法。

（2）标准化生产阶段

在这个阶段，账号已经做出了几条有着十几万或几十万播放量的爆款视频，希望后续也能稳定地产出这一类爆款视频。要稳定产出爆款视频，就要形成每天定量拍摄视频素材和标准化生产的能力。

即便进入标准化生产阶段，也不一定能够创造出非常多的爆款视频。建议前期每天拍摄 3 ～ 5 条视频，精细剪辑后上传发布。然后，再根据视频数据进行复盘和分析，如今天的视频跟昨天的比怎么样，哪条视频表现得好，哪条视频表现得差，它们的差别是什么，评论区里观众在讨论什么内容等。通过复盘和分析找到视频的亮点，然后再不断重复这个过程，直到可以稳定产出优质的带货视频为止。

（3）批量化生产阶段

批量化生产阶段的核心要点是规模。原来每天只能生产 3 条视频，现在要扩大到每天能生产 10 ～ 15 条视频。

要形成产出规模，先要提高拍摄效率，然后优化拍摄、剪辑、发布的流程。刚开始，用拍一条——剪一条——发一条的方式去了解观众的喜好，在知道什么样的场景比较吸引观众，片头、中间和结尾应该怎么拍，应该融合几个场景后，可以一次性拍多个素材，然后对拍完的素材进行拼接组合，批量产出视频。比如一次性拍了三条片头视频（A 片头、B 片头、C 片头）、三条中间视频（A 中间、B 中间、C 中间）和三条片尾视频（A 片尾、B 片尾、C 片尾），那么 A 片头与 A 中间、A 片尾进行拼接，A 片头与 B 中间、B 片尾进行拼接，A 片头与 B 中间、A 片尾进行拼接……通过这样的组合方式，我们就可以生产出多条视频了。

2 TikTok 账号运营攻略

2.1 拒绝账号 0 播放低播放

TikTok 账号的运营和抖音号大同小异，因为两个平台用的是同样的算法构建短视频的分发推荐逻辑。同系列关于短视频运营的书籍《抖音头号玩家》大家可以同时买来参考。

TikTok 和抖音不同之处在于用户人群。TikTok 在全球拥有不同的用户人群，每个用户人群有很高的独立性和封闭性，而抖音的用户人群是中国大陆居住的人群，或者说是简体中文人群。我们知道，划分用户人群最基本的逻辑是语言，不同的语言界定了不同的用户人群，也形成了相对封闭且独立的用户市场。这也是我们思考 TikTok 运营的基础，我们可以通过分析 TikTok 本身来优化账号运营。

首先，TikTok 账号视频 0 播放的原因主要有两大类，包括环境问题和内容问题。

环境问题分为硬件环境问题和软件环境问题。

硬件环境问题一般有两种：①手机卡的问题。检查手机卡是否已经换成了当地国家的手机卡。需要注意的是如果之前这部手机使用过国内的手机卡，那么在插国外手机卡之前，需要先恢复出厂设置。②手机本身的问题。可以检查手机型号是否过于陈旧，建议手机型号最好是苹果 iPhone7 以上型号，或者谷歌 Google Pixel 2 以上型号。如果检测出来是手机问题，最简单快速的解决方法就是直接换一部手机，千万不要浪费时间和精力在手机上，运营 TikTok 账号的关键不是解决手机问题，而是怎样拍摄出更优质的带货短视频。

软件环境问题比较多且杂。比如 IP 节点受到了污染，太多人使用这个节点甚至这个节点已经被拉黑了，继续使用这样的节点必然是 0 播放；也有可能是系统语言不符、系统时间不符；或者是打开了手机的 GPS 定位，没有用虚拟定位；还有可能是没有关闭手机的广告追踪功能等，这些都有可能导致视频 0 播放。

内容问题又分为视频查重问题与视频质量问题。

关于视频查重，需要看这条视频是不是搬运的或是用好几条别人的视频混剪出来的；这条视频是不是搬运后去重不彻底，只是随便改一下就发出去了；或者可能是别人搬运后做了个镜像就发出的视频，然后你下载了这个视频，做了个镜像又直接发出来，这样就可能撞车了。可以看到，去重最有效的方法就是不要搬运视频，而要做原创。

视频质量的首要标准是清晰度。千万不要发一些画质非常模糊的，可能倒了好几手的视频，发上去后视频全是像素点、马赛克，这样模糊不清的视频甚至都过不了机器审核。其次是声音。比如发的是一条静音的视频，或是一条图片的静态视频，没有声音和音乐，这种也是内容质量低的视频。另外，视频的音乐节奏是否紧凑，核心内容是否突出，视频是否有趣等都是内容质量的问题。

视频播放量低时，可以用排除法检查是环境问题还是内容问题。

每注册或者运营一个新账号，1 次至少要发 3 ～ 5 条视频，不能只发 1 条视频。如果只发 1 条视频，第二天 0 播放了，就很难判断是环境问题还是内容问题造成的。

如果新注册的账号发了 5 条视频，5 条全是 0 播放，基本可以判定是环境问题。如果账号已经有 1 万粉丝，发了 5 条视频，播放量都不超过 500，也可能是环境问题，如账号或 IP 问题导致该账号被限流了。

如果是内容问题，就需要判断是视频查重问题还是质量问题。先看播放量，一个新账号没有粉丝，第一级流量池一般都会有 500 左右的播放量，即使比较冷门的类目也会有 200 左右的播放量。如果新账号发了一条视频，只有几十的播放量，那么大概率是视频查重的问题；如果运营了两三天，发了十几条视频都是不到 500 的播放量，那就是视频质量的问题。如果一个账号有 1 万粉丝，一条视频播放量才 500 左右，就可能是视频查重的问题。

2.2 TikTok 的推荐算法

可以从两个角度来思考 TikTok 平台的推荐算法。

第一个是用户的角度。从用户角度去思考为什么 TikTok 会让用户上瘾，为什么 TikTok 这么了解用户。作为一名受众，有时候并不知道自己想看什么，但是 TikTok 的算法却比我们更了解自己。

首先 TikTok 会给用户推荐几条视频，在推荐的过程中，TikTok 会收集用户在这些视频上停留和互动的情况，包括停留时长、评论、点赞、转发、收藏等，这一系列操作都会转化为各种数据反馈到 TikTok 的系统中。

比如，一名用户看到红色的圆圈和红色的三角形，很喜欢，这时系统就会给该用户打上标签。首先是红色标签，然后圆圈和三角形可能也是一个标签。打上标签以后系统算法会做一个验证，它会再给该用户推一个红色的六边形看他喜不喜欢，如果他同样喜欢红色的六边形，那红色的这个标签就加强了，系统算法就会判定只要是红色的东西他都喜欢。如果后续推荐绿色的圆圈图案，系统发现该用户不是那么喜欢，那圆圈的标签就会弱化一些。系统通过不断推荐视频积累用户反馈，然后又将收集到的反馈信息通过算法不断调整修正用户标签，让用户标签越来越精准（图 2－2－1）。

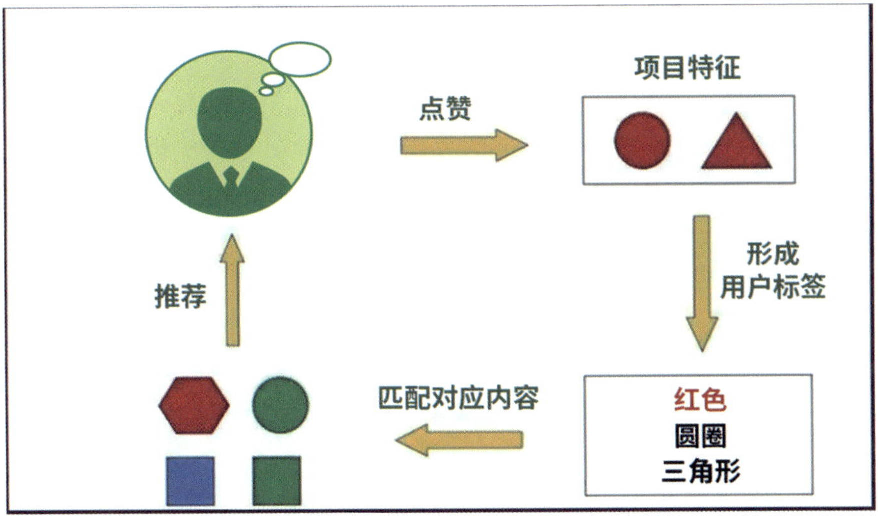

图 2－2－1 TikTok 平台的视频推荐逻辑

TikTok 通过系统算法把受众了解得明明白白，知道每个人喜欢什么就推荐什么类型的视频，这就是 TikTok 让观众上瘾的原因。

第二个是从机器的角度来思考推荐算法。以短视频为例，当用户发布一条视频到 TikTok 平台后，面临的第一道门槛就是机器审核。“机器”（平台提前设置好的人工智能模型）会对视频的画面和一些关键帧进行抽检，检查是否违规，如果确定违规，系统就会直接删除视频；如果有违规嫌疑但不太确定，就会进入第二轮审核即人工审核，人工审核若确定违规，这个视频就不能发布。

如果视频没有违规，就进入下一步骤——查重。系统会对关键帧和一些画面进行抽检，检查视频画面有没有重复，一旦被确定为重复视频，就会发生以下几种情况：①视频直接 0 播放，账号的粉丝也不能看到这条视频。②视频被仅仅推荐给账号的部分粉丝。如果账号有 1 万粉丝，视频发出后才几百的播放量，那么视频有可能只是推荐给了账号的部分粉丝，还没有进入公共流量池。③视频仍然被推荐，只是推荐的量非常少。

如果视频通过查重，确定为原创视频，系统就会进行推荐。首先推荐到 0～500 的流量池。系统会根据视频内容匹配受众，如果视频内容的受众池比较大，如美女类视频的第一级流量池就可能有 500 的播放量；如果视频内容的受众池天然比较小，如视频展示的是非常小众的产品，可能第一级流量池就只有 200 的播放量。

推荐完第一批流量之后，系统会跟踪视频的播放量、点赞量、评论量、分享量、完播率、复播率、平均播放时长等一系列数据指标，根据数据情况确定是否进入叠加推荐。如果反馈的数据情况不错，就会突破第一级流量池进到第二级流量池如 2 000，然后再进入第三级流量池如 1 万等，这样一级一级突破，逐步进入到更大量级的流量池。

如果数据情况比较差，系统就会停止推荐。比如，某条视频已经突破第二级流量池，进入了第三级流量池，但在这个流量池的数据指标表现不太好，系统就会停止推荐该视频。

另外，如果视频的内容非常好，不断被叠加推荐，但叠加到一定数量后被举报了。被举报之后，系统就会审核视频是否有违规嫌疑，是否与举报者举报的内容一致。如果确认违规，就停止推荐或者下架视频；如果没有违规，就继续叠加推荐。

还有一种情况是某条视频在发布一两个月后突然又火爆起来，这种情况有个通俗的叫法——“挖坟”。可能是很多用户看到某条爆款视频后，顺着这条视频进入账号，把账号里的所有视频都看过一遍，看到以往发布的另一条视频，觉得有意思就进行点赞、评论、转发等操作，使该条视频的数据增加了。

TikTok 系统核心算法是为了让更优质的视频内容得以留存和更大范围地传播，并吸引更多的用户下载使用 TikTok。因此，只要内容足够好，视频一定会有很好的曝光度。

接下来我们来了解一下多级流量池的分发规则（图 2 -2 -2）。

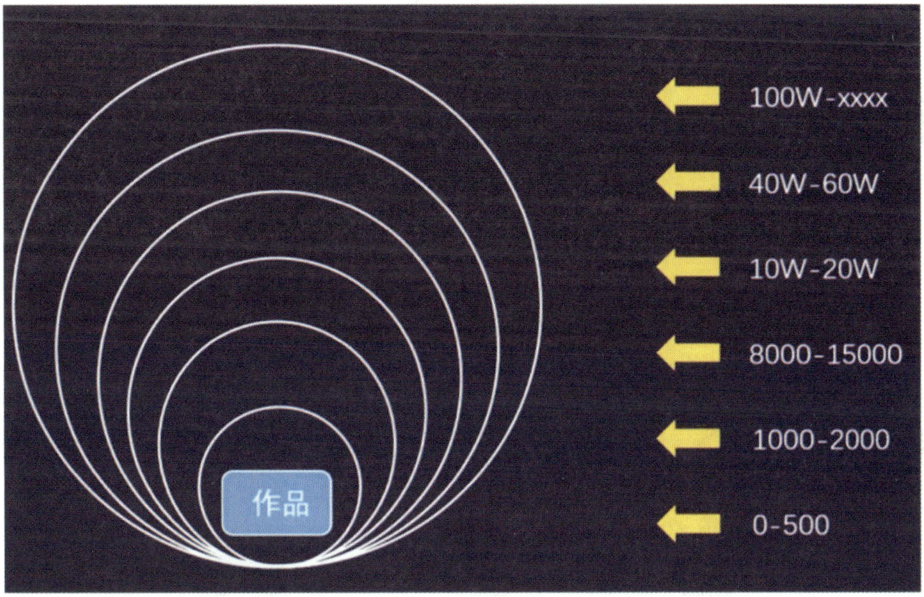

图 2 -2 -2　多级流量池的分发规则

一般来说，第一级流量池主要是当地国家的用户，也就是账号的数据户口或者 IP 所在地的用户。假如 IP 是英国的，第一级流量池一般是英国地区用户比较多。

第二级、第三级流量池主要是根据视频的内容进行分发。假如在 IP 是英国的账户上发一条背景音乐为泰语歌曲的视频，视频中模特也是泰国人，这时第一级流量池用户在英国的比较多，而且主要是一些拥有东南亚地区标签的用户。系统如果发现拥有东南亚地区标签的用户很喜欢看这条视频，就会通过检测来判断这条视频的内容与泰国的政策有没有冲突，如果判定没有这类问题，泰国地区也能接受，是一个正常的视频，那么系统就会把这条视频分发到泰国地区或东南亚其他地区。从这个案例我们可以看到，视频内容的语言、地区属性对视频分发人群的影响很大。这也是很多卖家账号运营流量跑偏了的原因之一。

2.3 TikTok 账号主页优化

新手账号常见的问题是没有设置头像，名字也是随便起的，而且账号已经发了几条视频了。

我们看看专业账号的主页应该是什么样的。

图 2－3－1 展示了新手运营账号和专业运营账号主页的区别。很多时候我们看一个账号运营得是否专业，直接从账号主页就能判断出来，很多东西就藏在细节中。观众看到左边的账号和右边的账号会有什么不同的感觉？他一定会更加信任右边的账号，因为右边的主页更加专业，而信任感将直接影响账号是否能成功带货。

图 2－3－1　新手运营账号和专业运营账号的主页对比

为了增加观众对店铺的信任感，为带货打下基础，优化账号的主页就必不可少。那么我们来看看怎么对账号主页进行优化，优化时我们需要把握哪些原则。

第一是简洁明了。要在最短时间内让观众了解到这个账号是干什么的，减少观众对账号的认知成本，让人看一眼就知道是卖家账号。

我们来看一下图 2-3-2 所示的案例。从最上面的主页名开始，写的是 rccar_shop36，rccar 表示产品是遥控车，shop 说明是一个卖家，受众看到这些信息之后，就知道这是一个遥控车卖家账号。接着我们看账户的头像，是一张遥控车的图片，受众就会更深入认知 rccar 是什么形状的产品。图片下面展示的 ID 是 @ rccar_shop36，再一次强调了这就是一个卖家账号。

图 2-3-2　专业运营账号的主页

第二是辨识度。

我们继续以图2-3-2所示的主页为例，来看一下店铺简介。这个简介每一行都在讲同一件事情：这是一个卖家账号。第一条文案“全球包邮”，谁会做全球包邮的事情？只能是卖家；第二条文案“点击下方链接就可以购买”，又是一条卖家的信息；第三条文案“最高三折优惠”，也是告诉观众这是一个卖家账号。所以观众进入到这个账号之后，第一反应就是这是一个遥控车卖家。这个账号起的名字也非常简单，很容易被观众记住。

因此，起名字首先要有辨识度，很多人想要起一个看（读）起来很高端的名字，其实不然。名字要被记住，就要有辨识度，就需要能被认知识别，需要与某个已被认知的事物挂钩，这也是为什么有苹果、小米、天猫等名称。

比如丰田有两款车：一款叫“霸道”，后来改名为“普拉多”，给人的感觉就没有“霸道”那么直观；另一款叫“陆地巡洋舰”，后来改名为“兰德酷路泽”，然而当然是“陆地巡洋舰”更容易被记住，从传播难易度来看，“陆地巡洋舰”也比较容易传播。可能很多人觉得“兰德酷路泽”更洋气一些，听起来也更高端，但是营销要做的是传播产品和品牌，运营TikTok也是在进行传播。

电视上经常有一些广告剧情非常丰富，看后会让人觉得这个广告真的太神了，然后由衷地夸一句广告做得真好。但优秀的广告应该是让观众或者用户说这个产品真好，而不是说这个广告真好。一些比较优秀的广告，如“今年过年不收礼，收礼还收脑白金”，就非常有传播力，非常洗脑，能在观众心中留下记忆点。

第三是建立信任感，这也是视频转化的底层逻辑。

TikTok短视频的转化率可能有1%，TikTok信息流广告的转化率可能有3%，而TikTok直播间的平均转化率可能有5%。

信息流广告的转化率之所以较高，是因为它是TikTok官方的一种商业行为，商业广告的信任度会高一些。

直播间转化率高，是因为这种形式能让观众多方位立体地感受产品，并且还能让主播与观众进行互动，让店铺更容易与观众建立信任感。信任感建立的同时还能传递兴奋冲动的情绪。而如果只是给受众看一条短视频，没有主播进行互动，信任感就没那么强，同时情绪也没那么容易被带动，观众也就没那么冲动了。

所以在优化账号主页时，给受众传达一个值得信赖的感觉，对运营带货的各个方面都有好处。

我们来总结一下优化账号主页的几个要点：

（1）简洁明了。卖什么就直接告诉观众，不要拐弯抹角。

（2）提升辨识度。不管是 ID，还是头像，都要让观众觉得这个账号非常具体独特，看一眼就能记住。

（3）体现专业，建立信任感。账号主页一定要让观众看着舒服，一看就是专业的。

优化账号主页时需要注意以下几个问题。

不管是头像、账号 ID 还是简介（图 2－3－3），一个非常关键的功能就是表明卖家身份，通过描述身份特征来告诉观众这个账号是干什么的。

先看头像，一般建议用有专业人设的形象或一个垂直类账号的形象。可以放真人图片，这样容易给观众信任感；或者可以直接放产品图，像这个案例放的就是一个遥控车图片；如果想要做一个品牌，也可以直接把品牌 Logo 作为头像，可以给观众更强的信任感。

比如卖电动牙刷或冲牙器，就要去思考什么样的人对于牙刷有非常权威的认知，牙刷的核心卖点是什么。如果核心卖点是保持牙齿健康，那么牙齿健康领域最权威的人当然就是牙医了，所以头像可以用一位穿白大褂的牙医形象，大部分观众对白大褂形象有非常强的信任感。这就是通过头像去建立人设，给观众传达可信任感的方法。

第二看账号 ID。账号 ID 要好理解、好记忆。比如直接设置为产品加身份，产品为 rccar，身份为 shop。如果 ID 重复，就在 shop 后面加上任意数字就可以了。

第三看简介。简介非常重要的一个功能就是描述身份，告诉观众我是谁，是什么样的身份，能给观众提供什么价值。像全球包邮等所有能吸引观众的点都可以写上去。这里可以多用一些表情或缩写，让观众觉得这个卖家比较真实。

最后是 Website 链接，一般用原始链接或者短链接都可以，没有强制性的要求。

设置时，可以点击中间的【Edit profile】，进去之后会看到头像，【Name】就是最上面的名字，【Username】就是用户 ID，【Website】就是挂链接的地方。【Website】挂上链接后，观众点击链接就可以直接跳转了。

有的账号没有【Website】选项，主要是因为这个账号达不到相关要求。账号要达到粉丝量 1 000 以上，才会有【Website】选项。另外，视频上方有一个合集的功能，目前是要粉丝量达到 1 万以上，在创作者工具里面才会出现。

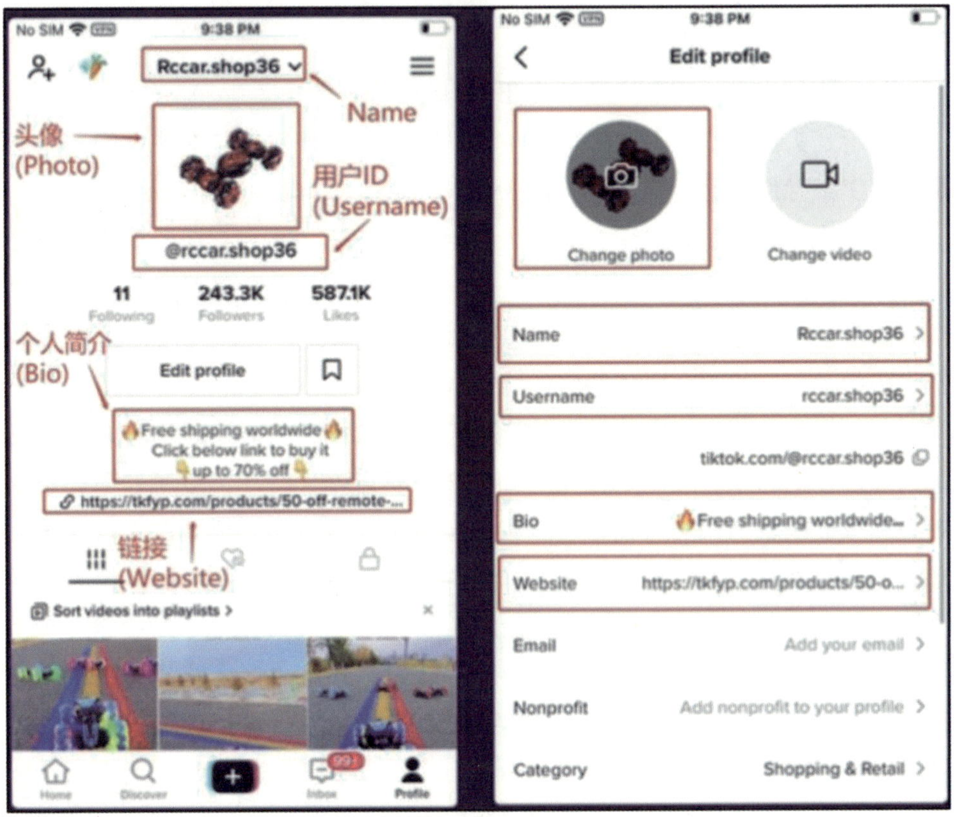

图 2-3-3　专业账号主页基本信息展示

2.4　创作者号、企业号及企业蓝 V 号

TikTok 账号共有四种类型，即创作者号、企业号、企业蓝 V 号和广告账

号。创作者号、企业号、企业蓝 V 号都可以在 TikTok 上完成操作。广告账号和其他三个账号的体系不一样，它不需要拥有一个 TikTok 账号，可以直接找广告代理开通。

我们重点看看前三种账号在数据分析、音乐、主页直链、创作者市场、创作者基金等方面有哪些区别（表 2－4－1）。

表 2－4－1　四种账号类型的对比

账号类型	数据分析	音乐	主页直链	创作者市场	创作者基金	备注
创作者号	有	较多	≥1000 粉丝	≥10 万粉丝	≥1 万粉丝	账号管理后台转
企业号	有	较少	≥1000 粉丝	可转	可转	账号管理后台转
企业蓝 V 号	有	较少	有	无	无	广告费与本土曝光
广告账号	联系广告代理开通，不需要 TikTok 账号					

（1）数据分析。不论是创作者号，还是企业号或企业蓝 V 号，都有这个功能，只需要在主页打开分析工具的开关就可以了。

（2）音乐。相对来说，创作者号可选择的音乐较多，企业号和企业蓝 V 号较少。因为企业号和企业蓝 V 号发的所有视频都默认是商用视频，既然是商用视频，就需要有商用音乐的版权，所以很多音乐没有办法使用，而创作者号的限制会少一些。

（3）主页直链，也就是 Website 功能。不论是创作者号还是企业号，都需要粉丝量达到 1 000 才能开通。主页直链功能在 2022 年 1 月底进行过一次变动，在 2022 年之前企业号即使 0 粉也可以直接挂链接。

（4）创作者市场。假如创作者账号达到 10 万粉丝以上，可以申请加入创作者市场。如果有企业想要找达人带货，或者一些卖家需要创作者帮他做广告，就可以在创作者市场中挑选已加入的创作者账号。加入创作者市场可以让创作者账号多一条变现途径。企业账号没有创作者市场的功能，如果想要拥有这个功能，可以把账号转换成创作者账号。

（5）创作者基金。TikTok 官方为了鼓励创作者创作优质视频，只要账号有播放量，TikTok 官方就会给该账号奖励基金。具体给多少金额要 TikTok 后台判定，通常没有额定。企业账号也没有创作者基金功能，如果想拿到创作者基金，也需要将账号转换成创作者账号，但不建议把创作者基金作为主要收入来源。一是创作者基金分配量并不多；二是创作者基金主要用于吸引更多用户下载并使用 TikTok App，内容也是以娱乐性内容为主。

企业蓝 V 号一个非常大的好处是基础流量一般不会被限制。另外，企业蓝 V 号可以增加观众的信任感。但开通企业蓝 V 号的条件也越来越严苛，之前是广告消耗达到 1 万美元以上就可以开通，现在想要开通企业蓝 V 号，需要在本土比较权威的杂志上刊登两篇以上的文章才能申请，以后的政策可能会越收越紧。

最后，看看创作者号和企业号之间如何切换。

如图 2－4－1 所示，首先打开 TikTok 主页，点击右上角的三条杠图标，然后点击页面下端出现的设置与隐私【Settings and privacy】，点击最上面的管理账号【Manage account】就进入到管理账号界面了。如果是创作者账号，下面会有一个切换为企业账号【Switch to Business Account】的选项；如果是企业账号，就是切换为创作者账号【Switch to Creator Account】的选项。

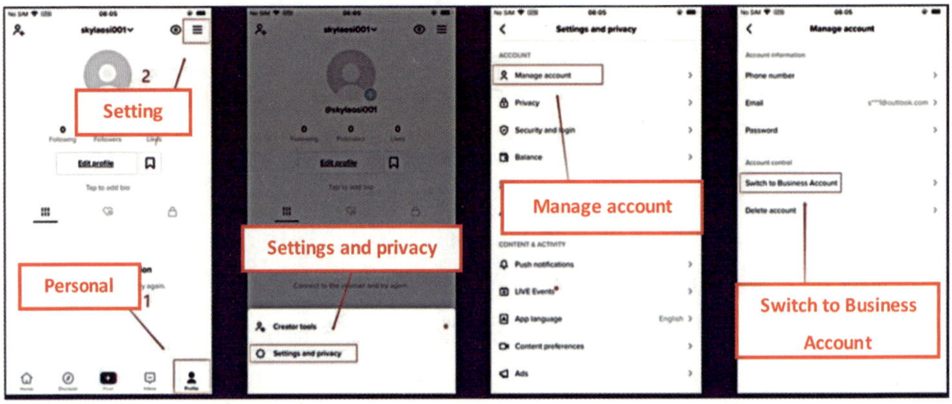

图 2－4－1　创作者号和企业号切换过程

2.5　TikTok 数据分析及优化

TikTok 数据主要指视频数据和账号数据。

视频数据包括播放量、点赞率、评论率、转发率、完播率、复播率、播放总时长、平均播放时长、流量来源、受众分布地区、受众分布占比等等。

账号数据主要包括账号的关注量、粉丝量、点赞数、粉赞比、发布视频数量、第一条视频的发布时间、近期发布的频率等等。基本通过账号的这些数据就可以分析一个账号了。

我们要分析一个数据表现不错的账号，应该先看一下这个账号运营多久了。一般从第一条视频的发布时间就可以知道这个账号运营了多久，是一个最近刚收获流量的号，还是已经沉淀了很久的号。

如果一个账号近期一直在高频发布视频，说明它的成交数据是不错的。如果一个账号上个月发布频率非常高，这个月明显减慢了，说明最近的成交数据可能不是很好，运营者的时间精力都投入到其他账号上去了。

接下来我们具体分析一下视频的主要数据指标（图 2－5－1）。

第一个是视频完播率。影响视频播放量最关键的一个指标就是视频完播率，一般视频完播率要求在 30% 以上。站在 TikTok 平台的角度，播放量、评论率、转发率这些数据比较容易造假；而视频完播率意味着占用观众的时长，完整看完说明观众对这条视频的内容很感兴趣。所以相比其他数据，平台更重视视频完播率。

The date was updated on 12-31-2021.	
Total Play Time	6h:20m:43s (+6.3h vs 1d ago)
Average Watch Time	7.2s (+7.2 vs 1d ago)
Watched Full Video	35.8% (+35.8% vs 1d ago)
Reached Audience	2,540 (+2,540 vs 1d ago)

图 2－5－1　TikTok 后台的视频播放数据

但如果为了提高视频完播率拍一条三秒的视频，趁观众还没反应过来，三秒钟就过去了，完播率 100%，这又陷入了另一个误区。视频完播率的底层逻辑是占用观众的总时长。一条三秒的视频即使视频完播率 100%，甚至复播了两遍，也才 9 秒；但一条 60 秒的视频即便完播率只有 50%，却能占用观众30秒的时间，显然60秒视频占用观众的时间更长，所以视频完播率也要具体情况具体分析。在相同时长的视频池子里，完播率越高越好。大部分完播率能达到30%以上的视频，它的其他播放数据都不会太差。

如何提高视频完播率呢？我们可以从以下两个方向着手：①优化视频的前3秒，即我们通常讲的黄金前3秒。前3秒没有吸引观众，观众就划走了，后面做得再精彩都没有用。②如果是长视频，一定要检查视频的节奏感，以及视频的内容密度。30秒就能讲完的内容，如果拖到60秒，内容密度被稀释，观众没有耐心看完，完播率就会很低。

第二个是视频点赞率。点赞率是总点赞数占总播放量的百分比，正常要求点赞率要大于4%。如果点赞率比较低，不到4%，就要进行优化了。

一般两种情况观众会给视频点赞：第一是视频击中了观众的兴趣点；第二是怕这个视频以后找不到，所以点赞收藏。因此，如果想提高点赞率，我们要做的就是找准内容的兴趣点来打动观众，以及提高内容对观众的价值，让观众有价值感，有收藏的欲望。

第三个是视频评论率。评论率是总评论数占总播放量的百分比，衡量标准是评论率要大于0.4%。如果评论率小于0.4%，就要考虑优化。

如何优化视频评论率呢？我们可以从如下几点着手：

（1）内容设置槽点。举个例子，结婚到底要不要彩礼，要多少彩礼合适，这是很多人都会碰到的问题，它是价值观的碰撞。有的人觉得不能太物质，结婚是两人的事，不该掺杂其他东西；有的人觉得父母养大孩子那么辛苦，嫁出去了难道不应该给父母一点回报吗？这两种观点一碰撞，槽点马上就出来了。

我们来看一个视频案例。海外有一条视频展示了一个酒店试睡员去酒店体验房间的过程，这条视频在拍摄的时候就已经设置了槽点。视频中，酒店的床在一个池子上面，睡觉的时候床还会浮动，两个男生一起睡在上面，第二天早上，其中一个男生一翻身就掉进池子里了，这是视频设置的槽点。设置这个槽点可能是想让观众开心一下，在评论区互动。后来这条视频确实爆了，但原因不是视频设置的槽点，打开评论区发现一部分观众在说这两个男的怎么能睡在一起，还有一部分观众就说这两个男的怎么不能睡在一起，这都21世纪了。两方争论不休，因为这条视频，这个账号一晚上涨粉10万。

这条视频就是通过给视频内容增加槽点，带动了评论率。

（2）引导互动，就是要给受众一个回复你的理由。有时观众看了视频，觉得视频确实很好，但是好像没有什么可以评论的，所以要引导观众评论，就必须给观众留一些开放性的问题。比如在视频里可以说“喜欢的可以在评论区留言，不喜欢的留言后我会来回复”等。

（3）引发情绪共鸣。有些视频内容非常平淡，但却能击中观众内心的情绪点，观众愿意看，同时还会进行互动交流。比如很多情感类和故事类视频都很容易引发情绪共鸣。

第四个是视频转发率。转发率是总转发量占总播放量的百分比，衡量标准是不低于0.3%。如果转发率没有达到0.3%，就需要进行优化了。我们可以从以下两个方面来提升视频转发率：

（1）提升内容的价值感。转发率的价值感和点赞率的价值感是不同的，点赞率的价值感是对观众本人有价值，转发率的价值感是对观众想要转发的对象有价值。比如在我们的家族群里，父母经常会转发一些养生的文章，他们觉得对我们有价值就转发了。所以在提升转发率时就要思考观众会转发给什么人，能够代表他去说什么话。

（2）提升内容的新鲜感。每当有爆炸性新闻，它的转发、传播力度都会非常广。结合到带货短视频里，就是产品的新奇特属性要强。所有人都没有看到过这样的产品，你展示出来了，观众觉得太神奇了，这世界上竟然有这样的产品，就会自动转发了。

第五个是流量来源中的推荐占比。流量来源有多种渠道，比如通过主页、搜索、音乐或者推荐页浏览到视频。这些渠道中，最好的一定是推荐页，因为推荐页的视频会获得更多的流量，数据表现好的话还会叠加推荐，所以短视频的推荐占比越高，这个视频越容易爆起来。

我们在分析一条短视频的流量来源时，推荐占比正常来说要大于30%，如果占比小于30%，那么这个账号可能被限流了。

如果账号被限流，或者账号运营遇到了瓶颈，我们可以从以下两个方向去优化：

（1）日更，保持账号活跃度。如果账号保持日更，活跃度就会比较高，如果视频质量也没有下滑，持续一段时间后，账号运营就会进入到一个新阶段。

（2）提升内容的整体质量，改变视频风格。可以从视频整体的色调、清晰度、节奏感、展现力等方面去做调整。但要注意不要随便添加其他的东西，比如以前都是直接怼着产品拍视频，现在为了升级加入了一些剧情，虽然内容更丰富了，但是因为没有把握好内容方向，反而把流量带偏了，还可能因为原本的观众不习惯这个风格造成流量进一步减少，这样连之前的播放量都达不到了。

分析完视频数据后，我们来分析一下账号数据。

第一个账号数据是粉赞比，是反映账号粉丝黏性的一个指标。粉赞比是总粉丝数除以总点赞数，通常以10万粉丝左右的账号为例进行分析。为什么要选择10万粉丝级别的账号呢？因为如果是1万粉丝的账号，粉丝量太少，可能有的观众看到一个视频就点赞一次、关注一次，导致粉赞比虚高。如果是100万粉丝的账号，一方面这个量级的账号比较少，很难进行大规模的分析；另一方面这样的账号可能已经运营了很久，观众只能关注一次，但是可以点赞很多次，也容易产生数据偏差。一般来说，粉赞比要大于0.17，有时0.1也算正常，但如果只有0.05，账号就有问题了。

接着我们看看如何优化粉赞比。

（1）内容的垂直度。如果是泛娱乐和新闻类账号，它的粉赞比数据就会特别差，可能真的只有0.05。

可以想象一下，如果观众在刷TikTok时看到一条新闻视频，对这条新闻很感兴趣，想了解后续，就点击进到了这个账号的主页，看看里面有没有发这条新闻的后续，结果一看没有，和这条新闻相关的只有这一条视频，观众可能就会退出账号，给视频点个赞就滑走了。

从粉丝的角度分析，观众从这条视频了解到这个新闻，点赞了这条视频，却无法从账号里得到新闻的后续，也就没有了转化为粉丝的动力，自然就导致账号粉丝黏性不高了。

所以我们一定要做垂直类账号，观众想要关注这个账号，是因为他觉得未来这个账号还会发同类型的视频，他对这一类视频很感兴趣，未来在这里能源源不断地获取到同类型的信息。

（2）持续更新。粉丝关注某个账号一定是为了未来还能够看到这个账号的内容。如果不持续更新，或者更新频率很低，观众看到一条非常好看的视频，然后点进账号主页，发现里面都已经是两年前发的视频了，即便观众想关注这个账号，但考虑到以后不一定能获取到新的视频，可能就不会关注了。

3 TikTok电商选品与营销

3.1 TikTok短视频带货链路和品类属性

在TikTok平台上发短视频电商带货之前，一定要有清晰的逻辑思路，要知道TikTok平台上用短视频带货的整体流程是什么。

可以思考一下，如果在海外开一家线下店铺，我们需要准备什么。是不是需要先准备产品，也就是卖什么东西，然后租下一间店铺，作为产品的载体？或许有些人会疑惑，想要开一家店铺，不应该先选址再选产品吗？这是很多人的误区，选址跟产品本身关联性很强。如果我们想要卖早餐包子，肯定不能去大商场，早餐需求最多的人群可能是上班族，所以需要找一个上班族来往比较多的十字路口。所以我们要先想好卖什么产品，再去选址，然后进行店铺装修，装修完店铺之后需要思考的就是如何宣传展示我们的产品。这时候你可能想把产品展示在商店的橱窗里面。之后就要思考怎样让顾客走进我们的店铺，可能通过去外面吆喝来吸引顾客进入店铺。当顾客进入店铺后，我们需要思考如何让顾客在店铺停留更长的时间，只要他能停留更长的时间，我们就有足够的机会去营销，让他成为我们的客户。你会发现很多大商场的入口和出口都不在一起，一般都需要让顾客从入口进去，把整个商场逛一圈后才能找到出口，这也是让顾客停留更长时间或看更多产品的一种设计。最后要思考如何让顾客愿意掏钱付款，比如用各种各样的营销方式来打动他，促进成交。

到这个环节，线下店铺已经完成了整个交易链路。但如果这是一家在海外开的店铺，我们希望把在国外赚的钱拿回中国来花，那就需要加一步，就是将外币转换为人民币。这是我们在海外开一家线下店铺需要做的准备工作，也是在海外开店的一个完整的逻辑。

在 TikTok 上做短视频电商和在海外开一家店铺的逻辑几乎是一致的。图 3－1－1 列出了线下商铺和 TikTok 短视频电商的链路转换逻辑。

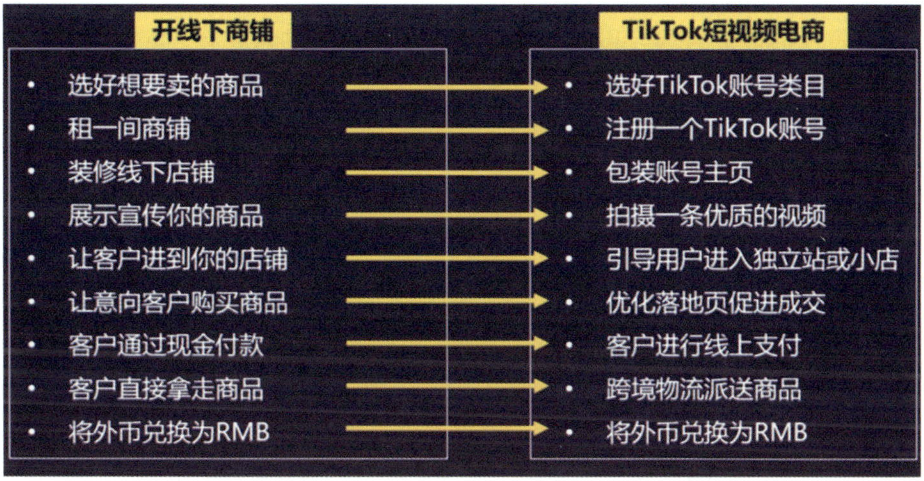

图 3－1－1 线下店铺开店逻辑转换为 TikTok 短视频电商逻辑

由此可见，我们在 TikTok 上做短视频电商，首先要选品。其实在 TikTok 平台上选好账号的类目就是选好了一类产品。如果要在海外开一家线下店铺，需要租一间商铺，但是在 TikTok 上不需要租一家商铺，因为 TikTok 账号本身就可以作为产品的载体，我们需要做的就是注册一个 TikTok 账号并装修 TikTok 账号主页。账号主页需要装修得比较专业，让观众一进来就觉得这是一个靠谱专业的卖家，同时也知道是卖什么产品的。装修好了账号主页之后，下一步需要做的就是展示、宣传你的产品。在 TikTok 上，既然是用短视频带货，自然而然地就需要拍摄并发布优质的短视频。这个类似于线下店铺的展示橱窗，是客户与我们的第一个接触点。观众已经通过观看视频跟我们有所接触，接下来需要将观众引导到我们的店铺中，如果我们在主页中挂了独立站的链接，或者在视频中挂了购物车，这时需要做的就是引导观众进入独立站或者小店。这个步骤之前的操作都是在 TikTok 上完成的。从这一步之后，观众要么进到了我们的独立站，要么进到了我们商店的产品详情页，那么后一步要做的就是优化落地页或优化产品详情页，使其能促进成交。我们还需要打通线上支付路径，当观众已经有了消费意愿时，可以直接在线上付款。观众付款后，就需要安排跨境物流派送产品，将产品送到他们的手上。最后一步和海外线下开店一样，需要将外币转换为人民币。

所以线下开一家店铺和在 TikTok 做短视频电商的整体逻辑是一样的。

在 TikTok 上做电商带货难吗？其实只需要把每个环节打通就可以了。TikTok 短视频带货的重点和难点在于如何拍摄优质的短视频，短视频内容决定着能不能带货以及能带多少货。

如何做好以上各个环节的工作，或者说应该做到什么程度才能帮我们把产品卖给顾客，我们可以尝试站在顾客的角度来思考一下。

顾客与商家，也就是观众与我们，第一次接触是在观众看到我们短视频的时候，所以我们先要优化我们的短视频，通过优质的短视频让观众感兴趣，再通过一些引导话术让观众进到我们的主页，或者点击我们的购物车进入产品详情页。观众通过主页或者产品主图的引导，点击了主页的链接或者产品的链接，进入我们的独立站或者产品详情页，接下来通过一些信任背书，如产品描述和售后保障，让观众觉得产品不错，然后观众就会下单购买。这就是从观众角度出发的整个购买链路和逻辑。

为什么要从观众的角度来看？很多人会有一个误区，以为视频有了播放量就应该有订单。从客户购买链路可以看到，链路中有多个环节，每个环节实际上是一个个不同的“漏斗”，任何一个环节有缺失或者障碍，都没有办法走到最后下单这一步，所以我们应该把中间的每一个环节、每一个“漏斗”做好，让更多的观众走到最后下单的环节。

这些环节需要考虑的包括：观众喜欢产品后的引导话术有没有做；我们的主页有没有包装好，产品主图拍摄得是否吸引人、够不够清晰；进入产品详情页后，我们的产品描述是否能给观众带来信任感等等。这些都是我们需要不断优化的地方。

接下来再看看短视频电商的品类属性。我们可以从两个方面来分析，第一个是产品属性，第二个是垂直领域。

先来看第一个产品属性。我们来看看图 3－1－2 所示的一个案例。

图 3-1-2　一只小猫咪的视频片段截屏

这条视频拍摄的是一只很可爱的小猫咪，大概有两亿多的播放量。播放量很惊人，但这样的视频却不能带货，为什么？

我们站在观众的角度思考一下，观众在看这条视频的时候，心里在想什么。绝大多数打开 TikTok 的观众就是想放松一下，在沙发上躺一会儿刷刷视频娱乐一下，他并不会在看到这条视频后，就去思考能从这个视频里买点什么东西。观众看完这条视频后的想法很简单，就是猫咪真可爱。

观众在看视频的时候脑子是不会转弯的，他看到什么就是什么，你给他展示什么，他就看到什么。所以像这样的视频，观众只会注意到小猫咪很可爱，而不会想这只猫吃什么，主人是用什么猫粮把它养得这么可爱，也不会有他也要去买的想法。

很多做 TikTok 运营的人都会发现一件事，有些类目像宠物类、美女类，就是比较容易获取流量，容易涨粉。但无论是宠物类还是美女类，虽不是完全不能带货，但大部分带货能力都很弱，为什么会这样呢？

因为我们给观众展示什么，观众就看到什么，观众看到什么，他想的就是什么。他不会因为看到这个美女在跳舞觉得非常可爱、好看，就去想能买点什么，他只是认为美女跳舞很好看，仅此而已。

所以我们在卖产品时，一定要思考产品的目标受众是哪些人、什么群体。如果我们想卖发箍，我们的受众应该大部分是女生，我们就要思考女生想看什么样的视频内容，怎样才能让她们看了视频就会想要购买同款发箍。

接着再来看一下图3-1-3所示的两个账号的主页。

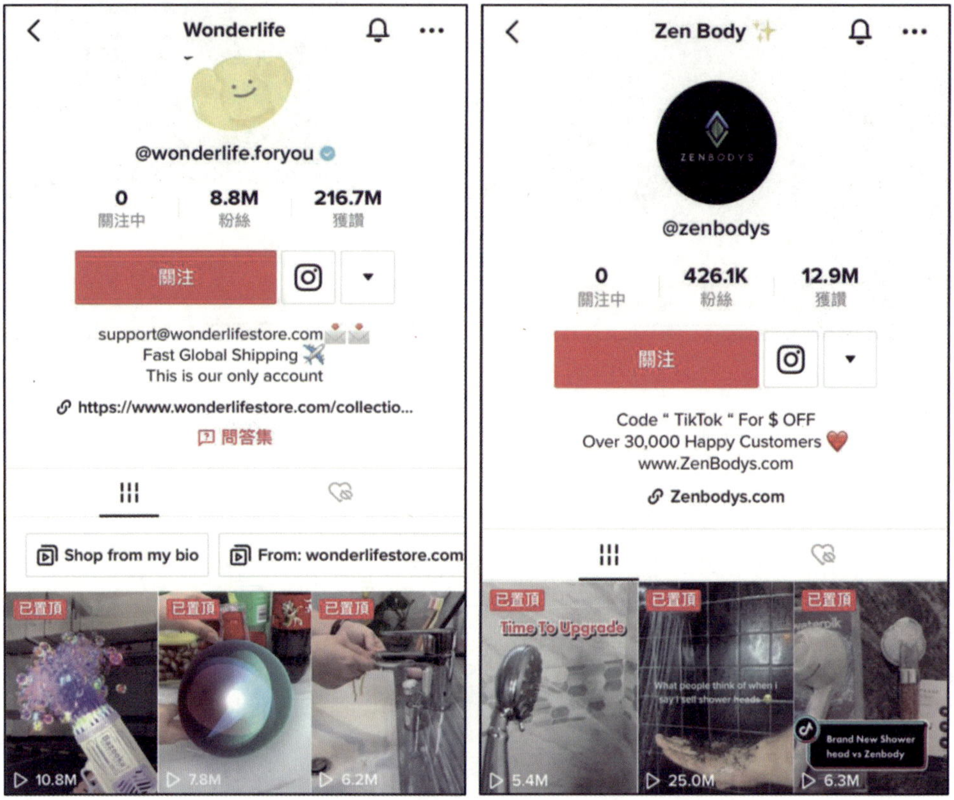

图3-1-3 Wonderlife和Zen Body的账号主页

图中所示的这几条视频能不能带货？很显然是可以的，为什么？

因为这几条视频给我们展示的都是产品，所有视频的焦点都是产品本身，这就是说视频一定要有产品属性才可以带货。同时还要注意，产品属性一定不要太隐晦，想卖货就直接告诉观众你是来卖货的，要直接展示这个产品，观众想要的话自然而然就会下单。很多人会想，要不要设计一个剧情，然后植入广告把产品展示出来等等，其实不需要，直接一点最好。并且，一条短视频也承载不了太多内容，反而短一点的、直击产品要点的视频，在短时间内更能推动受众的情绪促进成交，带货效果会更好。

第二个是垂直领域。我们继续看图 3 - 1 - 3 中两个账号的情况。

第一个账号 Wonderlife 有近 880 万粉丝，第二个账号 Zen Body 的独立站做得不错，可以去看看这两个账号有什么值得学习的地方。

Wonderlife 这个账号不是特别垂直，它的优点在于粉丝确实非常多，但粉丝多就稀释掉了产品的垂直性，从而导致受众不精准。相反，Zen Body 这个账号就做得非常垂直。

我们通过案例来看看垂直与不垂直的区别。同样都是 1 万粉丝的两个账号，一个是垂直类账号，一个是非垂直类账号，那么垂直类账号的 1 万粉丝都喜欢同一类产品；而非垂直类账号的 1 万粉丝有的喜欢第一条视频里的产品，有的喜欢第二条视频里的产品，粉丝精准度就不高了。

假如这两个账号都是 1 万粉丝，第一个账号是垂直类的，发了 100 条视频，当他发第 101 条视频时，这 1 万粉丝对这条新的视频会不会感兴趣？一定会，对吗？粉丝曾经就是因为这样的视频关注他的，所以这个账号的延展性就非常强。但是杂货铺类的账号同样发了 100 条视频，当他发第 101 条视频时，曾经那 1 万粉丝还会不会喜欢第 101 条视频？那就不一定了，有些粉丝可能对这条新的视频不感兴趣了，这个账号的延展性相对就比较差。

垂直类账号的粉丝可能第一次看了这个视频觉得这个产品不错，但是没有买，第二次又看到了，可能还没买，但是这个账号不断地发同类的产品视频，这个粉丝被营销了第三次、第四次，甚至第五次后，他可能就买了。通过反复营销刺激观众的购买欲是垂直类账号的优势，杂货铺类型的账号就不具有这样的优势。

所以账号里的视频一定要带有产品属性，不要做娱乐类，如宠物类、美女类视频；而且要专注于一个垂直领域，不要做成杂货铺类，后者会导致你的流量不精准，账号的延展性也会比较差。

3.2 TikTok短视频带货选品方法论

根据我们以往的数据统计情况，短视频带货选品可以从七个维度来分析。

第一个维度是价格。产品客单价一般在10～70美元。客单价不能太高，因为TikTok整体用户的接受度还不够，当然100美元或者200美元客单价的产品在TikTok也能卖，但是量比较小，量比较集中的是10～70美元客单价的产品。当然，随着市场接受度的增加，70美元这个上限也会不断提高（图3-2-1）。

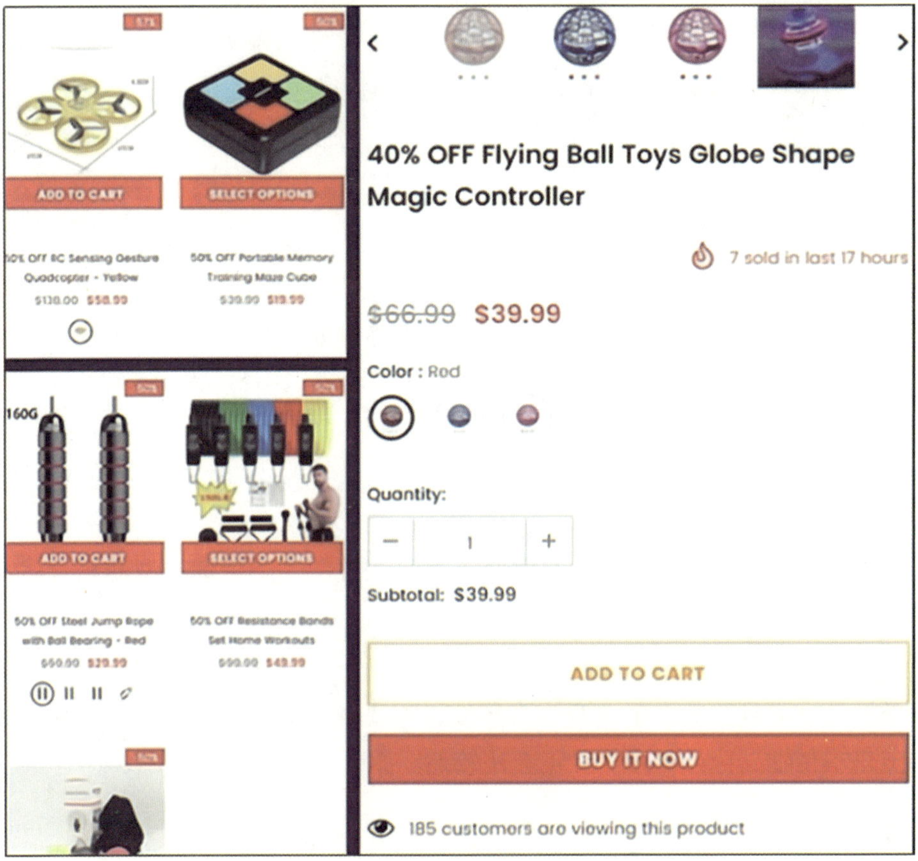

图3-2-1　TikTok平台上的产品价格

一开始 TikTok 的选品区间可能在 10～40 美元，后来到了 50 美元，慢慢地涨到现在 70 美元，未来还很有可能到 80 美元、90 美元，甚至像现在在 Facebook 上一样，两三百美元的产品也能带得动。但现阶段建议选品的客单价不要高于 70 美元。

另外，客单价也不要低于 10 美元。在跨境电商中，物流成本占了总成本非常大的一部分，如果卖的是 10 美元以下的产品，利润空间非常小，不容易覆盖包括物流在内的所有成本。

第二个是产品的包装尺寸和重量，主要是从物流的维度考虑。产品的包装体积和重量不能太大，否则跨境物流成本会很高。有海外仓的卖家没有什么限制，但大部分卖家没有海外仓，所以选品的时候只能往小而轻考虑。

第三个是市场容量。尽量选择一些市场容量大的产品，而且要符合目标市场的特点。很多产品其实不太适合在 TikTok 上售卖，因为不符合当地市场的需求。假如非常了解目标市场群体，就可以针对某个品类去尝试一下。就英国市场来说，整体市场相对偏小，那就尽量选择市场容量比较大的品类，而不要选择一些太细分的品类。选择好品类后，要先试着跑通一个链路，后面再进行快速迭代。

第四个是市场受众，建议选择面向年轻人的产品。目前，大多数玩 TikTok 的都是年轻人。据统计，目前在 TikTok 上购物最多的是 25～34 岁的人群，选品时也要重点考虑这个年龄段群体的特点。

第五个是消费行为，尽量选择具有冲动消费特性的产品。TikTok 短视频需要在短短十几秒的时间激发观众的冲动消费欲望。具有冲动消费特性的产品通常指可以通过冲动营销带动消费的产品。比如每到情人节时，我们都要给另一半买礼物，最痛苦的不是买礼物，而是你不知道选什么礼物。选礼物是一个非常煎熬的过程，很多人因为平常比较忙，一想到选礼物又不知道选什么好，就一直拖着。临到情人节时就可以用文案营销击中观众冲动消费的点。比如用“现在下单还来得及”之类的文案，这个时候已经不允许观众想太多了，再不下单马上到情人节了。因此，情人节礼物类的产品可以说具有冲动消费特性。

第六个是产品稀缺性，一般指产品是否新奇特。一定要选择一些在目标市场上不那么容易购买到的产品。假如你在 TikTok 上卖纸巾或日用品，除非价格非常便宜，让观众有消费的冲劲，否则就不合适了。一般这些产品楼下便利店就有，观众就不会在 TikTok 上购买了。所以尽量选一些市面上很难看到的新奇特的产品。

第七个是价格的敏感度。尽量选择观众对价格不敏感的产品。比如很多日用品都是容易比价的，一是购买的渠道多，二是购买的频率高，价格常常会被记住。像一些非名厂的电子消费品则是价格不太敏感的，除非刻意到处找渠道比价。比如数据线，价格从几十到上百的都有，这样的产品在大众的认知中没有一个非常清晰的概念或价格区间，产品价格范围比较大，我们在选品的时候尽量选择这样的产品。

现在重点看看什么样的产品价格敏感度低，适合选品。

（1）产品重要程度比较高

选品本质上是选一个人群，选择目标受众，选品其实就是选人。比如，什么东西对大家来说重要程度都高？大米、油这些食物人人都得吃，这类产品的重要程度就很高。假如这个星期一袋大米 100 元，下个星期一袋大米 200 元，你买不买？该买还是得买，该吃还是得吃。但这样的产品我们很难获得优势，因为购买这种产品的渠道太多。不过我们可以找到这样一群人，某个产品对他们来说比较重要，但是对其他人可能没那么重要，比如明星同款的 T 恤。我们平常买一件很普通的 T 恤可能需要 99 元，假如今天一件某某明星同款的 T 恤标价 399 元有没有人买？绝对有人买，某某明星的粉丝会买。为什么？因为他们对价格已经不敏感，所以我们选品其实就是在选人。

比如之前电动遥控车的卖家，刚开始选择的目标受众是男孩，营销的方向主要针对男孩，后来发现男孩没有消费力。事实上宝爸宝妈才有最强的消费力，那么电动遥控车怎么跟宝爸宝妈们产生交集？最后就把营销方向定向这个群体，在里面加了一句特定的文案，视频就爆了，而且销量暴增。加的文案是“千万不要让你的孩子看到它”，这句文案明显就是针对宝爸宝妈群体的。看到这条视频的一般会有两类人：第一类是孩子，评论区说“我就是孩子，我看到了他们很开心”；第二类就是宝爸宝妈，他们看到这条营销文案后，就会思考“我的孩子如果真的看到了这个产品，会不会非常开心”，宝爸宝妈给孩子买礼物，只要孩子高兴，一般对价格都不会太敏感，除非非常贵，而这个商品的价格定在了 60 美元，并没有超过 70 美元，但其实这个价格对于卖家来说已经是高溢价了。

很多卖家不理解为什么会有人买，这样的产品在亚马逊可能 30 ～40 美元就能买到了。其实，这也是目前 TikTok 电商的特点，兴趣电商、互动电商是可以做到高溢价的。兴趣产生后可以引导到独立站成交，避免了在其他电商平台遇到的比价环节。

最后后台的用户画像显示 70% 用户都是女性，所以从儿童类产品来讲，宝妈的消费力比宝爸高。选品其实就是选人，选一类人，然后选择对他们重要程度很高的产品去营销。

（2）产品独特程度高

小夜灯的款式特别多，设计一般都非常独特。图 3 －2 －2 所示的这款小夜灯，你觉得卖 19. 9 元行不行？卖 29. 9 元呢？其实都是可以的。但是 29. 9 元和 19. 9 元相比多了 10 元，足足多出了 30% 的空间，如果成本是 10 元，利润足足增加了一倍。所以只要产品比较独特，观众对它的价格认知就会比较模糊，对价格的敏感度也就比较低。

图 3 －2 －2　独特的小夜灯和摆件

如图 3 －2 －2 所示的另一款产品——葡萄形状的摆件，材质不同，质感就不同，价格也就不一样。刚开始看到这个摆件可能觉得是几十元的产品，搜索发现价格是八九百一个，这完全超出了我们的认知，但这样的产品有的人觉得值这个价，而有的人觉得这就是一个很普通的摆件，太贵了。所以像这一类独特的产品，买家都没有什么概念，价格空间就比较大，可以用比较高的溢价卖给觉得值的群体。

（3）产品转换成本高

产品转换成本是什么？2019 年之前，不同通信运营商的电话卡是不能携号转网的。假如我们移动的电话卡月租 100 元，已经用了 10 年，突然有一天同样的流量，同样的通话时长，联通的电话卡月租只需要 30 元，这时你会不会为了每月节省 70 元就换联通的卡呢？相信很多人都会想一想。如果你从移动换成联通，虽然节省了 70 元，但付出的其他成本可能就很高，因为这样一来很多人联系不到你了，你要一个个通知大家你换号了。这就是转换成本比较高的例子。

再举个例子，我们每个月都要剪头发。剪头发一般都喜欢找熟悉的理发师，假如今天楼下新开了一家理发店，平常剪一次头发大概是 50 元，今天这家新店开业大酬宾只要 30 元，这时你会考虑去常去的那家还是这一家新店呢？一类人可能会考虑去这家只要 30 元的，能节省点钱；还有一类人依然会去 50 元的老店。这两类人的区别在哪儿？选择 50 元的一般女性居多，因为她觉得万一去 30 元的新店把头发剪坏了，付出的成本是几个月的不开心，要等到几个月后才能再去剪，而这个成本太大，转换成本太高了，她宁愿花 50 元去原来的店，这就是说她对价格不敏感。有些人对价格敏感，头发剪成什么样没太大关系，那就去 30 元的新店。所以还是那句话，选品要先选人。

（4）产品可对比性比较低

如图 3 - 2 - 3 所示的 Zippo 打火机，功能上和楼下小卖部卖的那种两元的打火机并没有太大的区别。但实际上它有一个品牌附加价值，如果跟一些拥有 Zippo 打火机的人聊天，你会发现他们一般点完烟后就把 Zippo 打火机放在桌子上，因为他们觉得这是身份的象征。从某种意义上来说，普通的打火机跟 Zippo 打火机是没有可比性的，所以 Zippo 打火机能卖到一两千甚至三四千的价格。这就是产品的可对比性比较低。

图 3 - 2 - 3 所示的另一个产品是一款 VR 眼镜。这款产品刚出来时单价都是一两千元，但现在 VR 眼镜几十元的有，一两千的也有，这款产品已经是充分竞争的产品了，在这种环境下它的可对比性就非常强，价格也比较透明，消费者对它的价格敏感度会比较高。

这两个案例告诉我们，选品的时候要尽量选新兴的或者大家可能没听过没用过的产品，大多数人对这类产品的价格敏感度比较低。

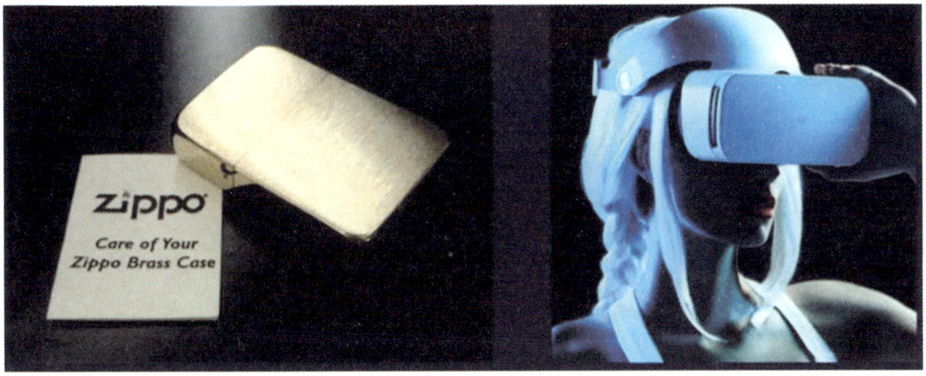

图 3－2－3　Zippo 打火机和 VR 眼镜

这里我们就新兴产品再延伸一下。有一个产品叫海盐洗发膏，它的功能和我们平常的洗发露差不多。如果现在给大家介绍这款海盐洗发膏，可能有的人觉得 30 元/罐差不多，有的人觉得怎么也得 50 元/罐，有的人觉得这么新颖的东西上百元也很正常。大众对于这个产品的认知有差异，那么它就有溢价空间了。事实上这个产品一般的价格可能也就 59 元两罐，所以这类产品也可以尝试一下。另外，做这类产品还有一个好处。如果产品研发出来不是特别好用，消费者一般也不会特别在意，因为消费者对新产品的容忍度比较高。就这款海盐洗发膏来说，用户用完后感觉效果并没那么好，他未必会觉得是这款产品不好，可能会认为是海盐洗发膏不适合他。

3.3　TikTok 直播带货选品方法论

TikTok 直播电商的选品逻辑和短视频电商的选品逻辑有一些差别，直播电商的选品可以从以下五个维度来考虑。

第一个维度是价格。产品价格一般建议在 1～20 英镑（图 3－3－1），为什么短视频定价参考的是美元，而直播是英镑呢？因为目前大部分在 TikTok 上做跨境直播的卖家主要针对的是英国地区，所以直播的选品定价参考的是英镑。

虽然现在 TikTok 直播选品的价格区间是 1～20 英镑，但其上限会随着市场的发展而逐渐提高。目前从整个 TikTok 平台来看，整体的价格还比较低，我们应该顺应平台的走势，先从 1～20 英镑做起。很多卖家可能会觉得其产

图 3－3－1　以英镑定价的产品

品本身就是定价比较高的，在其他平台可能都是卖 50 英镑或者 100 英镑的产品，根本没有办法在 TikTok 卖 20 英镑。如果是这样的产品，当下阶段就不太建议以盈利为目的进入 TikTok 直播电商渠道，更多地可以以品宣为目的在 TikTok 上做一些推广。

第二个是物流配送，同样建议重量与体积不能太大。比如家具类的电视柜，其体积和重量决定了它的跨境物流费用是非常高的，在没有海外仓的情况下，把物流费加到售价里，这个售价也会非常高，相对本地平台或线下商超未必有价格优势。和短视频带货一样，直播带货也要选小而轻的产品。

第三个是目标销售人群。选择人群时一定要符合目标市场特点，尽量年轻化。现在 TikTok 上的用户仍然是以年轻人为主，在直播间购买产品的受众大都是 25 ～ 34 岁。同时我们还要注意在当地的文化背景下，消费者对产品的接受度是否和我们预想的一样，卖产品的时候不能太想当然。

比如在国内爆火的冰墩墩（图3－3－2），可谓是一“墩”难求，但是这样的产品就不适合在英国地区售卖。抛开版权不说，英国本身并不是冬奥大国，冬奥相关产品在当地没有市场感知度。

图 3－3－2 爆火的冰墩墩

第四个是人货匹配的维度。在人货匹配的维度里，尽量不要选太依靠主播的产品。现在国内优秀的主播非常少，即便是优秀主播，合作门槛也会比较高，我们尽量不要要求主播一定是非常顶尖的。高端品牌服饰比较挑主播，这样的产品对主播的身材样貌都会有一定的要求。还有一些美妆类产品，对美妆方面的知识也有一定的要求。美妆类产品一般都是怼脸拍，主播跟镜头的距离很近，所以要求主播有一定的镜头感，这些品类新手主播就不是特别能胜任。

新手直播间建议卖一些可以不露人脸的产品，比如玩具类。玩玩具的过程本身就有很强的展示性，再配合各种成熟的直播间玩法，可以做到以货带人或者以厂带人，而不是以人带货。在直播的初级阶段，如果要以人带货，要求是有点高的。直播间的重点一定是以产品为主而不是以主播为主。另外，以产品为主的直播带货也需要慢慢培养团队，特别是主播，这样以后可以挑战一些对主播有一定要求的直播方式，帮助主播成长。

3.4 TikTok 价值选品法

前面我们从宏观上总结了短视频电商和直播电商的选品维度，框定了选品范围。本节则从客户价值获取的角度来考虑如何进行更精确的选品。

我们总结了 TikTok 平台的 7 大客户价值，分别是视觉价值、实用价值、认知价值、情感价值、利基价值、趋势价值和热点价值。

第一是视觉价值。

视觉价值的核心原理就是要让受众有眼前一亮的惊喜感，让受众觉得这个东西就是好看，带给受众非常愉悦的感受，从而产生购买欲。我们一起来看图 3－4－1 所示的 3 个案例。

图 3－4－1　极具视觉价值的产品

如图 3－4－1 左边所示的鲨鱼形状的猫窝，它在实用性方面有什么改进吗？不管是材质还是面料都不一定有，宠物住进去并没有更舒服，说不定看到鲨鱼还会害怕。那它的价值是什么？就是好看，给人眼前一亮的惊喜感，仅此而已，但这款鲨鱼形状的猫窝却成了一个爆款。

图 3 –4 –1 中间所示的是一条反光裤，在灯光下裤子就会反光，这种反光裤穿起来会更舒服吗？不一定，在实用性方面也没有什么额外的价值，但是穿起来会反光，特别炫酷。

图 3 –4 –1 中的第三个产品是一个小包，在实用性方面没有什么特别的地方，也装不了多少东西，但是这个产品的价值就在于好看，颜值即正义。

视觉价值是选品时需要重要考虑的价值点，许多品牌也对产品颜值有着极致的追求。

第二个是实用价值。

产品的实用价值就是解决生活中的实际问题。如图 3 –4 –2 所示的纳米反重力手机壳，它的主要功能就是把膜撕下来后，可以贴在任何一个地方。常规手机壳的作用主要是防摔，还有就是好看。但纳米反重力手机壳除了能给我们带来以上两个价值外，还可以满足我们实际生活中一些特殊的需求。如图片上这位美女，在健身的同时，想要看一下自己各项指标的数据，那她就可以用这种手机壳把手机贴在镜子上。这就是纳米反重力手机壳的实用价值，还比较特别。

图 3 –4 –2　纳米反重力手机壳

图 3 –4 –3 所示的这款车载手机支架，实用价值就非常明显了。这条视频首先展示了产品的外观与样式，接着展示了产品的使用方法与场景，最后展示了产品的使用效果，这也是短视频展示产品的一种思路。

图 3 -4 -3　车载手机支架

图 3 -4 -4 所示的酒瓶灯，为什么说它有实用价值呢？因为这个灯不是用来装饰的，它卖的不是酒瓶，而是旁边的架子。那么这个架子的价值是什么呢？我们可以通过目标市场的情景调研来挖掘生活产品的实用价值。很多卖家不知道的是美国人很喜欢喝酒，而且喝完酒后会很困扰，因为空酒瓶不能随便丢弃，如果想要处理这些瓶子，需要支付一笔垃圾清理费。如果有一个产品既能帮他们解决掉空酒瓶的问题，还能让空酒瓶变废为宝，那这个产品就太完美了。所以将这个产品应用到这样的实际场景中时，它就产生了特有的实用价值。

图 3 –4 –4　酒瓶灯

图 3 –4 –5 是一款汽车收纳盒的视频页面截图。这条视频的整体展示思路是顺叙。首先展示生活中遇到的痛点，接着展示产品外观与样式，然后展示产品的使用方法和使用场景，最后展示产品的使用效果，短短 10 秒钟就把产品展示得淋漓尽致。这个产品也是依据实用价值挑选出来的。

第三个是认知价值。

认知价值通常指卖家和买家之间对产品的认知差异或认知错位产生的价

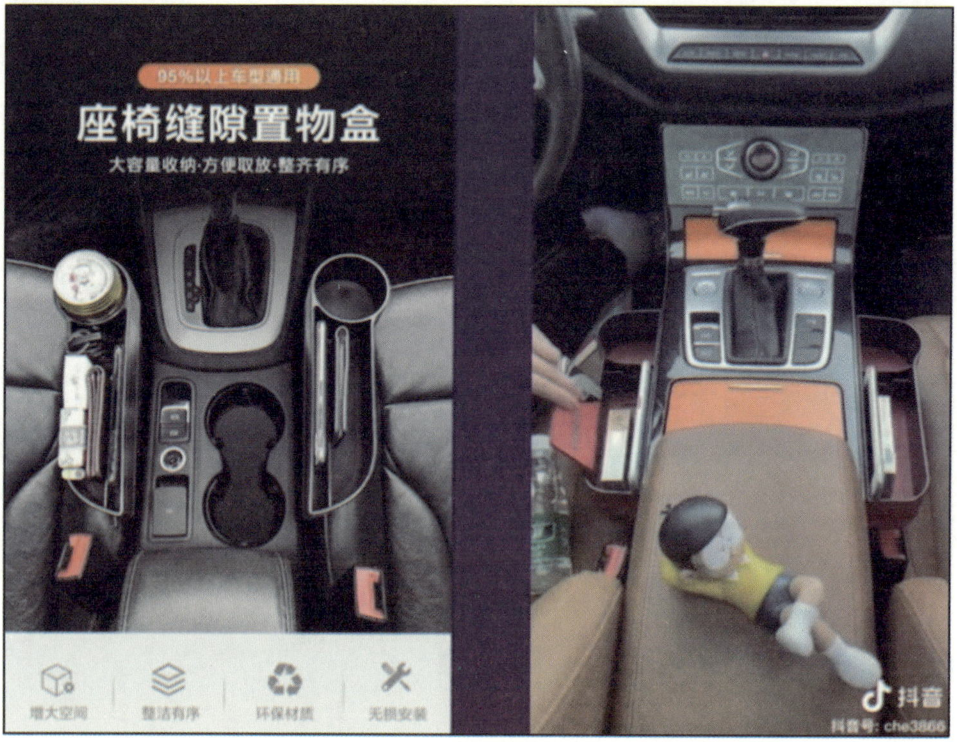

图 3-4-5　汽车收纳盒视频画面

值，主要包括以下几种情况：

（1）卖家与买家之间对产品有较大的认知差，卖家了解产品，但买家可能不懂。

（2）卖家在宣传产品时，会用一些混淆概念的方法介绍这个产品，让观众在买产品时对产品有错误的理解。

（3）卖家往往会给产品赋予一些额外价值，而这些价值一定是用户非常需要的。

（4）产品所宣传的价值没有办法在短期内达成，万一没达成，可以跟用户说时间还没到；或者关于结果的影响因素比较多，没达成宣传的价值可能是因为别的原因等等。

不太建议卖家用认知价值选品。毕竟认知价值是在收割认知差，有时会给用户的产品体验造成负面效果，要谨慎使用这种选品方式。

图 3－4－6 所示就是用认知价值选品的例子。

图 3－4－6　塑腰带和腹肌贴

图 3－4－6 中左边所示的产品是塑腰带。塑腰带最早出现在产房，用于产后修复，最近很多网红博主开始宣传这个产品。他们宣导的价值是穿戴上这个产品可以减肥，这就是卖家给产品赋予的额外价值，而且这个价值是用户非常需要的。给塑腰带加上减肥这个价值点，对于爱美的女生有非常大的吸引力。卖家赋予了产品一些额外价值，同时在宣传的时候还会说这个产品要坚持穿戴一个月，还要配合运动才会有效果。假如一个月后，买家觉得没效果，去找卖家理论，卖家会说你是不是没坚持使用、是不是没运动等等。这就是我们前面提到的第四种情况——产品宣传的价值无法在短期内达成，而且影响价值实现的因素很多。这样的产品就是典型的收割认知差。

图 3－4－6 左边所示的这个产品是收割女性的，右边这个产品就是收割男性的，卖家宣称戴上后不用锻炼就能有腹肌。

很多“黑五类”产品，如减肥咖啡、一抹白精华液等，都是用认知价值选择出来的产品。

第四个是情感价值。

就是通过营销手段调动观众的情绪激发购买欲，从而达到销售产品的目的；或者产品本身可以满足消费者某些情感方面的诉求，通过挖掘这种价值，实现商品的销售。

前段时间在疫情比较严重的时候，抖音上涌现出非常多卖惨的剧本，比如一位老爷爷或者老奶奶抱着一筐水果哭着说“今年生意太难做了，我果园里面的水果都卖不出去，都烂了”等等。卖完惨后镜头就切到另一个场景，场景里面全都是果园的果子。前面是一位卖惨的老爷爷，后面是一个果园，观众就会联想到一定是老爷爷果园的果子卖不出去，就会去支持一下。如果抖音刷得多，会发现很多视频前面的镜头都是一位老爷爷在哭，后面的镜头会接上各种不同的果园，这时就会发现这些视频就是一个套路，用卖惨的形式卖产品。这当然并不是一个好的案例。有的直播间或短视频通过营造这种卖惨的氛围，激发观众的同情心，从而达到销售产品的目的。而有的直播间常常会营造产品卖得很好的氛围，比如，直播间里主播或是工作人员疯狂地打包，旁边订单的声音不断地响，屏幕上不断往外冒订单信息，虽然不知道这些是真是假，但是实实在在营造出了一种产品热卖的氛围。卖家也可以在短视频评论区用其他账号去进行引导，营造类似的氛围，从而达到销售的目的。

另外，我们也可以将情感价值附加到产品中进行推广。

图 3－4－7 所示的是 *Daddy Shark* 的亲子装。*Daddy Shark* 是美国的一部动画片，*Daddy Shark* 本身就是一个 IP。为了通过亲子装营造温馨的家庭氛围，店铺举行了一个活动，买家穿上它家的衣服拍一张亲子照片，就可以获得额外的小赠品。卖家后续也会将收集到的这些照片发到社群中，用买家秀来做二次宣传。很多卖家非常擅长运营社群，受众进到他的网站或社群就会被氛围包围。整个网站全都是这种非常温馨的照片，这正是受众在家庭中想要的非常温馨的感觉。

除此之外，诸如宠物、宝宝等都是互动率比较高的情感主题。通过这些主题，可以带动宠物类或者母婴类产品的销售，这些产品在海外都有非常大的市场容量。

第五个是利基价值。

利基价值是依附在利基产品上的，而利基产品的挖掘来自利基市场的挖掘。利基市场指某一个非常大的行业或市场中一个非常细分的领域，而利基价值选品指基于这样的利基市场进行的选品。要实现利基价值还需要成为利基市场的领先者。

利基价值有三个优点和一个缺点。第一个优点是竞争很小。因为市场本

图 3－4－7　*Daddy Shark* 亲子装的短视频画面

身小，市场的整体利润规模并不大，对于一些大厂或有实力的企业，利基市场不是它们的主要市场，有的甚至会放弃这些利基市场。因为市场规模小，少有商家进入，所以通常竞争很小。第二个优点是对于实力不强的企业来说，可以在资源有限的情况下集中资源去打造某个产品，成为这个市场的领导者。第三个优点是利基市场在某种意义上也是刚需市场，这个市场一定是有需求存在的，既然需求一定存在，那么产品的生命力一定比较强，它的生命周期也会比较长。

利基市场的缺点是市场规模小，到一定程度就不再增长了，天花板很低，很难做大。

我们看看哪些产品是利基产品。比如超大码或超小码的宠物项圈。可能大家会觉得 XS、XXS 已经是比较小的项圈了，实际上有没有很小的狗狗要用 XXXS 的项圈？肯定有，只是非常少，这些超小的项圈可能一个月也卖不了几个。

图 3－4－8 所示的宠物墓碑也是一个非常小众的产品，每一只宠物只用一次。假如能够集中力量成为宠物墓碑这个领域的头部，也能享受一段时间的市场红利。而且随着人与动物之间的关系越来越好，很多家庭都把狗狗或者其他宠物当成是家庭的一份子，这种产品的整体市场容量也会慢慢增长。

图 3－4－8　宠物墓碑和刺绣

图 3－4－8 所示的另一个产品——刺绣——也非常小众。疫情期间这个小众品类在国外火了起来。当时卖家觉得疫情期间大家都太无聊了，需要找点事情做，所以这样的产品也是基于利基价值选出来的产品。

一个很小的利基市场，我们可以集中力量成为这个市场的领导者，而且这个利基市场又是长期的刚需市场，也可以保持细水长流。

第六个是趋势价值。

要多关注海外新闻，多浏览海外媒体，有商业敏锐度。嗅到商机后有两种切入方式，第一种是产品挖掘切入，第二种是趋势跟卖切入。

比如今天我们看到一条使用塑料吸管会被罚款的新闻，如果我们有敏锐的商业嗅觉，那么可能会想能不能用纸质或不锈钢材质的吸管代替，能不能用特殊的杯盖设计代替吸管等等，然后试着去开发一款这样的产品，比如不锈钢吸管，从而吃到第一波红利（图 3－4－9）。

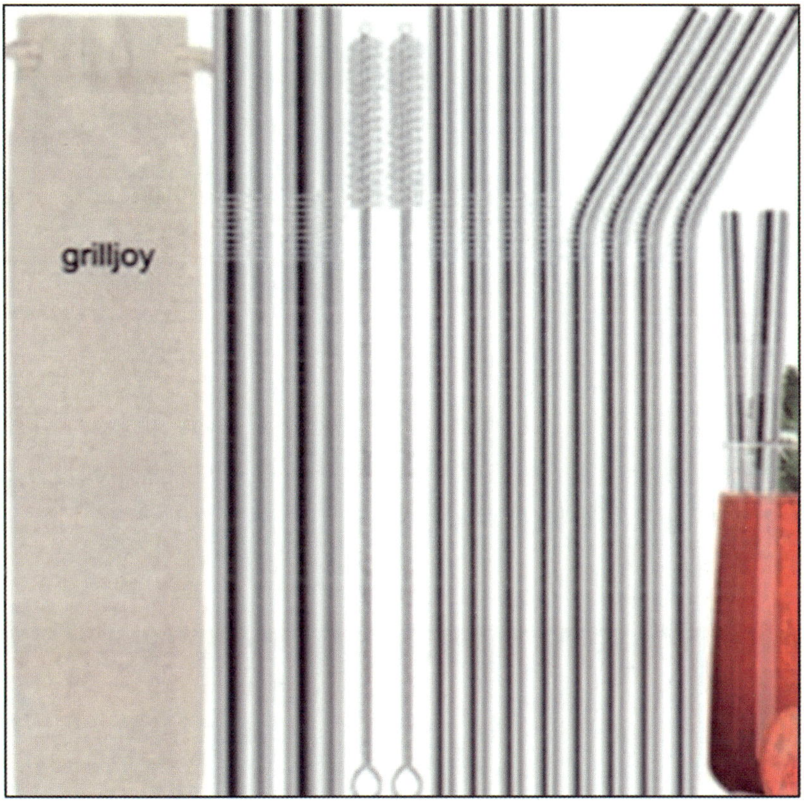

图 3－4－9　不锈钢吸管

我们也可以规避风险。说不定这是一个伪需求，也可能这个产品的趋势不太明显，或者我们的商业嗅觉没有那么敏锐，我们可以等到这个产品已经被别人发布并验证过是爆品后再跟进。但是跟卖也不要直接卖这款产品，可以对产品做一些差异化的微创新，给这款产品进行一点改进。

比如别人做的是单纯的不锈钢颜色，我们能不能做成彩色的；别人做的是直的，我们能不能做成弯的；别人的吸管很长，我们能不能做成可伸缩便携的（图 3－4－10）。这就是对产品做一些改进并跟卖，也可以在市场中分到一杯羹。

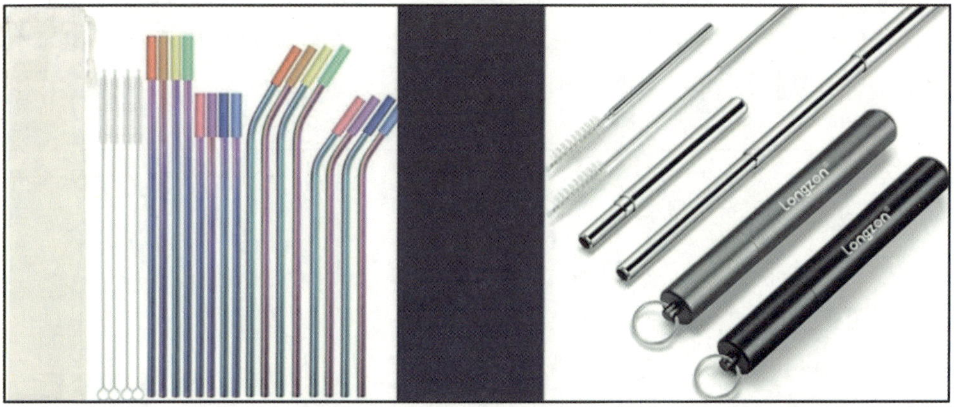

图 3-4-10　微创新的各种吸管

充电宝也是一个很好的例子。智能手机因为屏幕大，运行的程序多，基本上用不到一天就没电了，必须一天一充甚至一天几充。很多时候我们没办法做到直接用电源充电，充电宝就应运而生了。如果在智能手机刚上市的时候我们就意识到了这个趋势并且去研究，或许现在就已经成为大卖家了（图 3-4-11）。

图 3-4-11　充电宝

第七个是热点价值。热点价值的追踪和挖掘需要商家具有敏锐的商业嗅觉。但同时也要注意规避侵权风险，要知道有些产品其实是没有办法卖的。

比如，2020 年一位白人警察杀死了一位黑人公民，引发美国的黑人社群暴动，当时这个事件对整个社会影响非常大，人人自危，每个人出门都要拿把枪。看到这个热点，卖家们会想有什么产品是他们现在迫切需要的。很多卖家看到人人自危，就想枪肯定是需要的，但是我们知道这个产品绝对是不能卖的，不管是真枪还是仿真枪，都是限制销售的（图 3－4－12）。

图 3－4－12　枪

但是我们可以转换一下思路，可以卖枪的附属产品，比如枪套、隐形的枪套 T 恤（图 3－4－13），这两个产品都是当时被挖掘出来的大爆款，甚至一直火到了 2021 年 5 月。

图 3-4-13　枪套和隐形枪套 T 恤

所以如果想要挖掘到这样的产品，我们就要有非常敏锐的商业嗅觉，有捕捉热点的能力。

热点价值和趋势价值虽有一点相似，但有本质的不同。热点价值可能一波几个月就过去了，比如现在大家对枪套的需求就已经不大了。但趋势价值却在未来很长一段时间内都存在，都被需要，比如吸管和充电宝就是有趋势价值的产品。

每个产品并不是只能有一种价值，往往同一个产品会拥有多种价值属性，价值属性越多，成为热销品的概率也就越大。比如之前介绍的纳米反重力手机壳，好看又防摔还能贴墙上，这样的产品会有很大的需求量。所以如果我们在选品时感觉一个产品不错，就要去追问和思考它有什么价值，以及有没有其他更多的价值。

3.5　TikTok 选品渠道与工具

了解了 TikTok 初级选品思路、宏观选品维度和价值选品法，接下来我们看看有哪些选品的渠道。

这里重点介绍四个选品渠道：一是电商平台选品，二是社交平台选品，三是冷门渠道选品，四是监测同行的独立站。

3.5.1 电商平台选品

电商平台主要有亚马逊、速卖通等跨境电商平台。为什么在 TikTok 上销售的产品既可以参考电商平台选品，也可以参考社交平台选品呢？因为 TikTok 本身既具有跨境电商的属性，又具有社交平台的属性。

以亚马逊为例，https：//www. amazon. com/Best – Sellers/zgbs 这个网址是亚马逊的一个热卖榜（Best Seller），这里有最近发布的热销产品；另外，还有礼物榜单（Gift Ideas）、愿望榜单（Most Wished For）等，我们可以在这几个榜单中选品（图 3 – 5 – 1）。

图 3 – 5 – 1　亚马逊平台产品界面

首先看热卖榜。头部的产品即页面最上面的几款就不要选了，这几款产品大概率要么已经卖得很火爆，市场份额已经被抢光了；要么很多卖家在争抢，它的趋势已经过了。有价值的可能是中部或底部的类目和产品，这样的产品说不定正在爆的路上，所以最好选这种需求正在上涨的产品。

需要注意的是，一些新发布的产品都要先考察是否存在版权问题。比如，经常会有一些 Switch 的新游戏发布，非常火爆，但我们不能直接去卖 Switch 的卡带或者这个游戏，因为侵权。但是我们可以寻找一些周边的产品，比如 Switch 的包包、保护壳、保护膜等。

再看愿望清单，愿望清单和礼物清单非常相似。如果我们想要在愿望清单中选品，一定要分析消费者心理，他为什么把这个产品加入愿望清单却不下单购买。一般有两种情况，一是他觉得太贵了，在等降价促销；二是他发现这个产品不错，但可能要过一段时间才会买它，暂时先放着。

我们需要分析这个产品到底属于哪种情况。如果发现消费者是在等降价，那么我们可以在其他平台、独立站或 TikTok 上用低价的方式进行售卖，用价格的优势来达成销售。

如果发现消费者是觉得时间没到，可能是在母亲节、复活节或圣诞节前才要买的礼物，我们可以在节日前一两个月就开始准备，等节日一到就可以卖爆。

所以我们在愿望清单或礼物清单中选品时一定要分析消费者心理。消费者对产品感兴趣但却不买，就要分析原因，然后对症下药，点对点地突破。

3.5.2 社交平台选品

国内的社交平台有抖音、快手，国外有脸书、Instagram 等。因为抖音和 TikTok 本就是同一个软件的不同版本，所以可以参考抖音的选品，抖音上大概 60%～70% 的产品都可以拿到 TikTok 上进行测试。

在抖音上一般有两种选品方法。

第一种就是利用抖音平台的推荐算法，即抖音推荐的内容去选品。抖音的推荐算法逻辑就是你喜欢看什么就推什么内容给你。假如每天看美女，就每天给你推美女；假如每天看宠物，就每天给你推宠物；假如每天都刷好物类视频，就一定每天给你推好物。所以，我们可以注册一个抖音号，只要看到好物类、购物类的产品视频，就点赞、收藏、关注和转发。还可以多看几遍，提高复播率。看到其他与卖货无关的视频，要么快速滑走，要么就长按，然后选择不感兴趣。不用多久给这个抖音号推荐的就都是好物类产品视频了，市面上有任何新奇特的产品，都可以第一时间知道。这就是用抖音平台算法帮助我们选品的方法（图 3 –5 –2）。

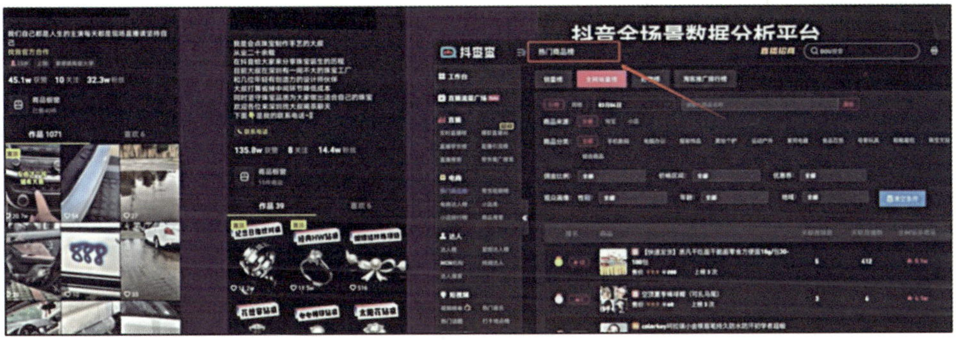

图 3 –5 –2　抖音平台的推荐算法

第二种是通过抖音数据平台如飞瓜数据等选品。可以看看飞瓜数据的榜单，月榜榜单基本上没有太多参考价值，因为月榜排前 10 的基本都是吃的，充分印证了“民以食为天”的说法，但目前吃的东西在 TikTok 上不是一个好的品类。最主要原因还是物流问题，当然如果我们有海外仓，那么无论是在英国，还是在美国，卖食品都没问题。看不了月榜可以看周榜。如图 3 –5 –3 所示的周榜榜单，排第一的火鸡面是食品，忽略掉；接着第二个是瑜伽环，可以作为选品测试目标，然后思考这个产品是否符合选品的各个维度，有哪些价值等。

从客单价的角度来看，这个瑜伽环在抖音上卖 9.9 元，我们在 TikTok 上卖 10 美元或十几美元没问题，客单价在我们的选品区间；再看体积重量，问题也不大。再看受众群体，外国人也健身、做瑜伽。再看给消费者提供的价值，这种健身用品很明显给消费者提供的是实用价值。

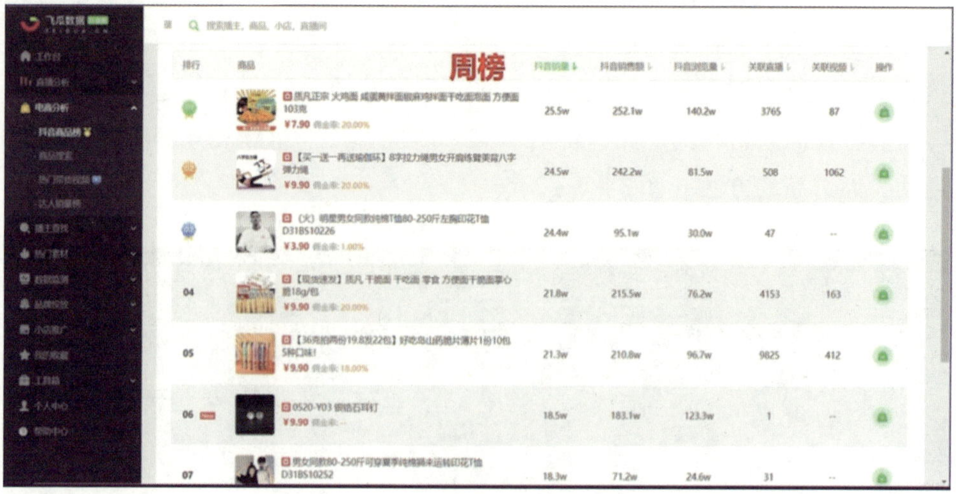

图 3－5－3　飞瓜数据的周榜榜单

基于以上分析，这个产品我们可以拿来测试。我们就把这个产品记下来，将这个产品放进我们的选品库，成为测试品之一。

接下来看榜单的第三个产品，是明星同款男女纯棉 T 恤。首先价格是没问题的，几块钱的成本我们可以卖几美元或十几美元。但从受众维度来看，外国人喜欢的明星和中国人喜欢的明星不一样；外国人的身材体型和中国人也不一样；还有，外国人也不一定喜欢衣服上的印花，因为这个印花有非常强的中国元素。所以这样的产品虽然说价格体积等方面都合适，但在受众方面可能不是特别合适。服装的退货率往往也比较高，买回去穿了不合身，或者穿上身感觉不合适不好看，就会被退货；也有的人直接买两件，一件大码一件中码，看哪件不合身就退哪件。如果我们没有海外仓，或者没有办法把成本控制得非常好，做服装就会比较有压力。综上所述，这个产品就不建议选择了。

接着往下看第四个和第五个都是食品，可以直接忽略。

第六个是银锆石耳钉。这个产品客单价没问题，在我们的选品区间内，然后看受众，外国人也会戴这种首饰。各方面都没什么问题的话，也可以把它纳入到选品库。

一个周榜榜单看下来我们就已经选出了两个可以测试的产品。任何选品都要有测试这个步骤，选品不一定能100%卖爆。可以用短视频测试，也可以用直播，可以一个品测三五天，也可以多建几个账号，测一两天，根据自身的实际情况选择。

通过国外社交平台脸书选品比较简单。在脸书中搜索一些有关购买的关键词，比如get yours now、30%、order here等，搜索这些关键词后会出现电商广告或好物种草类视频（图3－5－4）。

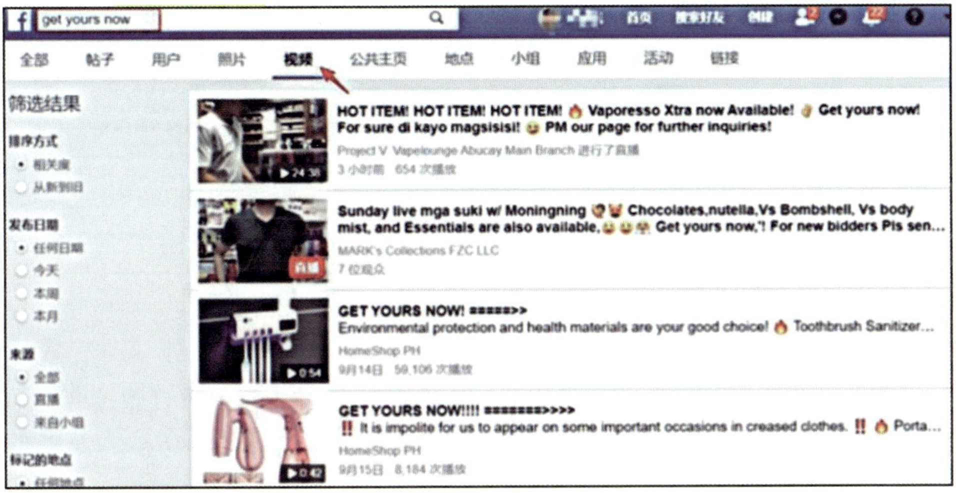

图3－5－4 脸书的选品界面

通过搜索这些关键词，就能找到非常多最近卖得很好的产品，只要是有爆款趋势的产品，都是符合外国人需求的，因为脸书本身就是海外的社交媒体平台。

3.5.3 冷门渠道选品

冷门选品渠道有众筹网和一些新奇特的网站。在众筹网上，一般选择众筹进度大于500%的产品。如果众筹进度小于500%，一般会认为它的潜力不够大。

图3－5－5左边所示的第一个产品的众筹进度达到7 000%多，这个产品就比较有潜力。这是一个可视化采耳仪，之前在TikTok上卖得也不错，这样的产品是可以选择的。第二个产品的众筹进度是3 000%多，也可以成为我们

的选品。第三个的众筹进度只有 200% 多，潜力相对比较低。第四个的众筹进度有 4 000% 多，这个也可以。

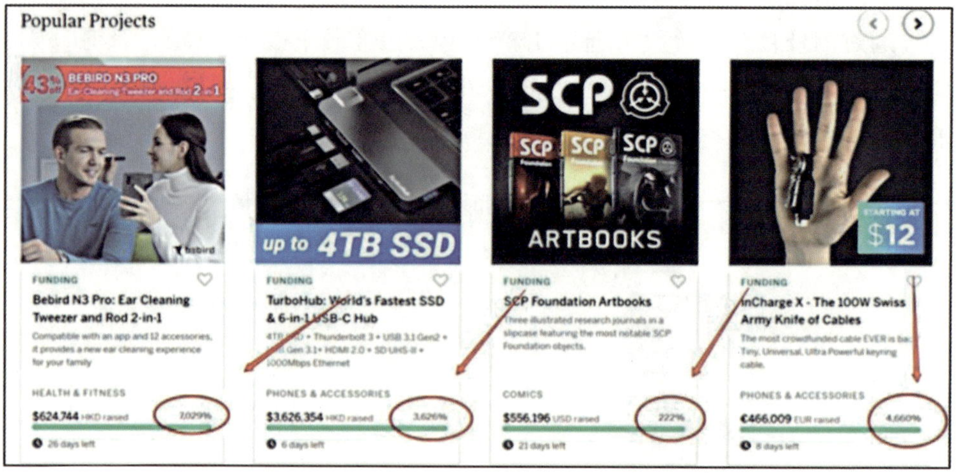

图 3－5－5　某众筹网的产品界面

还有一些新奇特的网站，如图 3－5－6 所示就是一个新奇特网站的产品页面。这种网站的知名度可能会比较低，但里面有很多被大多数人忽略的产品。

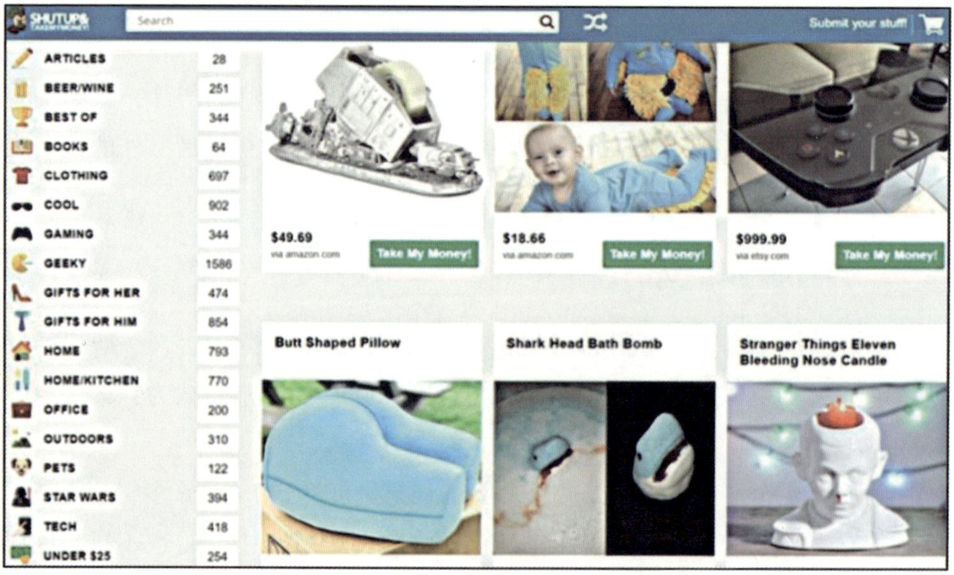

图 3－5－6　SHUTUP 中产品界面

我们来具体看一下这个网站上都有哪些产品。有一件婴儿穿的衣服，这件衣服的裤腿上加了块拖布，因为婴儿喜欢爬，在婴儿爬的时候顺便拖拖地就挺新奇特的；最右边是一个游戏手柄形状的茶几；其他还有枕头、鲨鱼形状的浴弹、头盖骨打开的烛台等，这些都是非常新奇特的产品，都可以在 TikTok 上进行测试。

还有其他一些冷门小众的网站，都可以留意收集起来，作为我们未来的选品渠道。

3.5.4 监测同行的独立站

一个不可忽略的选品渠道就是通过监测同行的独立站来获得选品思路。主要用到的工具是 Google 搜索。有一个小技巧，在 Google 搜索里打上一串字符，即 Site：myshopify. com，后面加个空格再加上关键词。比如，我们想要查找一些手表同行的网站，看手表有哪些爆款，就可以打上前面的一串字符后加个空格，后面加上 watch，搜索出来的结果大部分都是使用 myshopify 建立的网站（图 3－5－7）。找到店铺后，在主页域名后面加上这串字符/collections/all？ sort_ by = best－selling，就可以看到这个店铺的热销产品了。通过这个类目页我们就可以知道什么产品卖得好，更受外国消费者欢迎了。

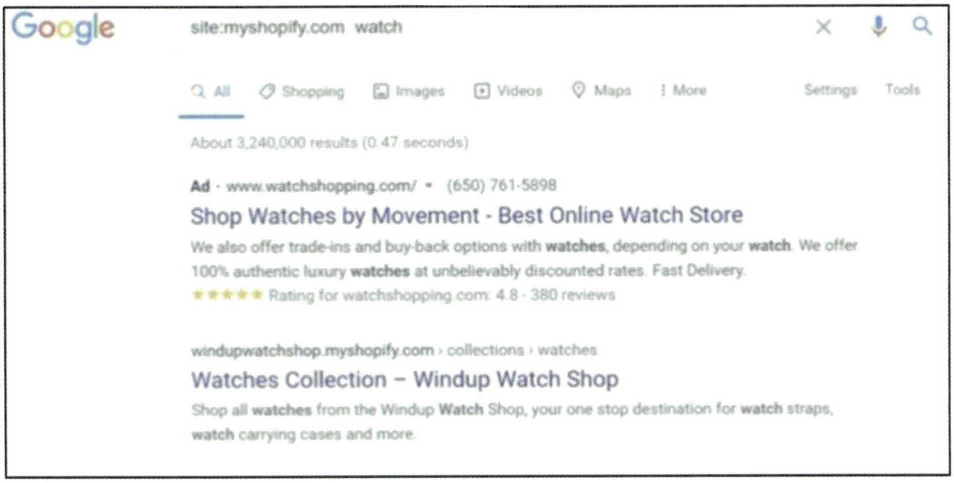

图 3－5－7 Google 搜索界面

3.6 TikTok电商营销思路

做事要有方法，并且最终要形成一套有效的固定做法。做电商就要有营销思路，不管是TikTok电商还是其他电商，不管是短视频还是直播，都是有思路，或者说有套路的。我们需要深入研究把消费者的消费欲望转化成消费行为的路径是怎样的。

TikTok电商的整体营销思路主要分为四个步骤：第一步，抓住观众眼球，形成有效的第一触点。TikTok电商的产品主要通过短视频和直播来展示，所以视频和直播的内容一定要抓人眼球，让观众停留下来，为后续的转化创造可能。第二步，激发购买欲望。第三步，营造信任感。第四步，引导马上下单，不要拖拉，把消费的欲望转化为消费行为。

下面我们来看看每一步具体应该怎么做。

3.6.1 如何做到抓人眼球

内容抓人眼球的核心要点就是要让观众第一眼就留下来。不管是直播还是短视频，有非常多的技巧可以让观众留下来。比如利用画面的强烈反差来留住观众。如图3-6-1，左边的直播间是一位男生，却是一位美妆博主，较为强烈的反差效果就出来了，而且这位男博主化的妆还挺不错，对美妆知识也特别了解，在众多美妆直播间中就非常有吸引力了。右边这个直播间就只是用到了流量密码——性感美女，很多卖车的商家都喜欢用这种流量密码。

总之，最核心的目的就是要让观众第一眼看到就感兴趣，想要留下来多看一会儿，从观众刷到我们的视频或直播间的那一刻起，决定他们和我们能不能产生链接的就是短短的3秒，这3秒如果打动了他，才能有后面的故事。如果没有打动，就可能和他擦肩而过了。

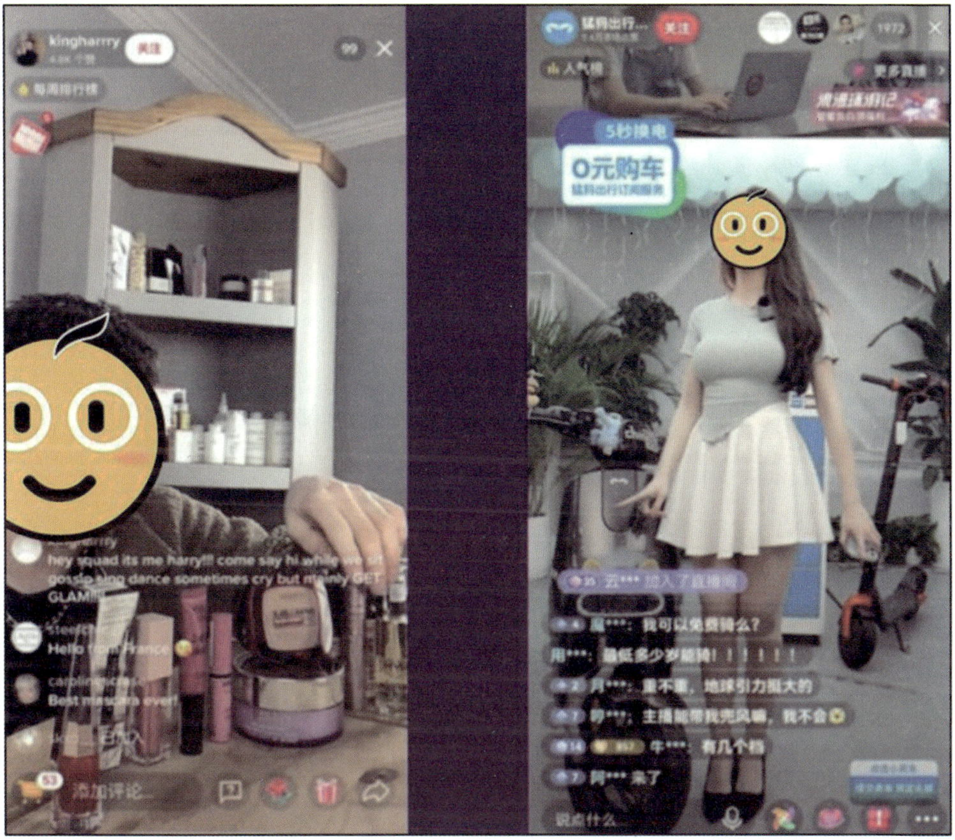

图 3－6－1　男性美妆博主和美女主播

3.6.2　如何激发观众的购买欲望

要想激发观众的购买欲望，核心点就是让观众对产品感兴趣，从而产生购买的冲动，具体有以下几种方法：

（1）恐惧诉求

这是营销中非常好用的一种方法，要知道每个人都会害怕或恐惧，比如怕生病、怕掉头发等。

二十年前做电视广告或电视购物的那些人，就是现在做短视频和直播的鼻祖，是我们学习的榜样。二十年前他们就知道如何在电视上通过 15 秒的广告营销观众，如何通过电视购物这种卖场把产品销售给观众了。像当年拍的可以治疗脱发的霸王洗发露广告，里面的广告词就很有意思，“头发干枯就像这棵树”，画面里有一棵树，晃一晃树叶全掉下来了，这就是在引发观众的恐惧诉求，让大家不自觉地想：“我是不是也有脱发的问题，会不会也像这棵树这样?”一旦激起了观众的恐惧诉求，观众就会继续想：怎样解决这个问题？有什么产品或服务能帮助解决？这个时候购买欲望就被激发出来了。

（2）带入场景

前面提到的反重力纳米手机壳，特殊的材料让它有着统一的黑色的外观，这种材料的功能就是能够往墙上贴。

大部分用户平常也不往墙上贴手机，买手机壳的诉求无非就两个，一个是好看，一个是防摔，用其他手机壳也挺好的，正常场景下很多观众看到这个产品之后没有特别的消费冲动。

假如代入一个使用场景，如一个父亲带着三个孩子出去玩或吃麦当劳，父亲想要拍一张场面温馨的全家福，发现周围没有人能帮他们拍照，这时父亲掏出他的手机，往旁边的玻璃墙上一贴，然后父亲与孩子的温馨画面就被拍下来了。这个视频就把产品的应用场景扩充到和家人出去玩的时候拍照，让大家觉得用这个手机壳就相当于随身带了一个手机支架，这个场景的受众人群就是宝爸宝妈。

假如我们在这个场景后，接上一对情侣漫步海边的场景。情侣觉得海天一色非常美，想要拍照留念，但发现周围没有人能帮他们拍照，这个时候男生掏出手机壳贴在岸边停着的小船上，两个人站在大海边拍了一张非常唯美的照片。这就是一个出去旅游的使用场景。

接下来马上接第三个场景，一个美女在举杠铃健身，她想要把手机放在自己能看到的地方计时、看动作，然后她把手机贴在镜子上，既能看到自己的体态，又能看到即时健身数据。这就是一个健身的使用场景，受众人群是爱健身爱运动的人。

三个场景后，可以马上接产品的使用效果，或者接引导话术。想接其他更多的使用场景也可以，一般带三到五个场景都没有太大的问题。

又比如对于上班族来说，早上的时间都非常宝贵。一个年轻男士早上起床之后洗脸刷牙，这个时候又想看新闻，他可以把手机贴在镜子上，一边洗脸刷牙一边看早间新闻。这是一个上班前利用碎片化时间看新闻的场景，通过这个场景又拓展了上班族这个受众群体。

可以看到，多一个场景就相当于挖掘多一个受众群体，场景越多挖掘的受众群体就越多。这就是带入使用场景激发受众消费冲动的方法。

（3）畅销营销

畅销营销在很多场合被用到，万用万灵，因为群体都有羊群效应。像我们耳熟能详的某奶茶的广告：一年卖出多少杯，卖出的奶茶的杯子连起来能绕地球多少圈，全国销量领先等，它的广告语讲了几句话，这几句话就讲了一件事，就是它的奶茶卖得好，很畅销。假如有观众要在便利店买一杯速冲的奶茶，碰到这个品牌的奶茶就会想试一试，这就是畅销营销。

每个人都有从众心理，这也是为什么我们要在直播间、短视频的评论区营造一种大卖场的氛围。

我们去书店买书，发现有本书的腰封写着“100 万册纪念版”，它的重点不在于说这本书是纪念版，而是想告诉你这本书已经卖了 100 万册。还有一些书的简介写着已经翻译成多少种语言，卖向多少个国家等，也是在说这些书很畅销。

（4）顾客证言

我们在网上购物时都会习惯性地去看评论，所以顾客证言对潜在顾客的消费决策影响非常大。虽然有时候我们自己也知道有可能是虚假评论、虚假证言，是买家的有偿评价，但还是忍不住去看，有时我们并不是真的想在评论区找到这个产品到底好不好的说法，而是想在评论区找到一种对自己选择正确的证明，其实我们已经想买这个产品了，又有点犹豫，这时就会去评论区看看，为自己的选择找心理支撑。所以做好评论区，也能很好地激发观众的购买欲。

3.6.3 如何获得观众的信任

观众的购买欲望被激发出来后，就要让观众觉得这个产品不错，店铺、主播也是靠谱的，其核心就是让观众相信店铺、主播和产品。以下几点可以帮助商家获得观众的信任。

（1）专业的讲解

专业的讲解容易让观众产生信任，从而拉近与观众的距离。假如直播间主播或短视频运营人员对产品进行了非常专业的讲解，观众自然就会信任主播和商家。专业的讲解要求主播或运营人员有比较强的学习能力，对产品有充分的理解。如果主播或运营人员对这个品类并没有深入的了解，就要去学习，力争短时间内掌握这个品类的核心，这对于主播或运营人员来说也是非常必要的。

（2）事实证明

事实证明主要指作为商家拿出一些事实，是商家单方面证明给观众看的，而不需要消费者去佐证。

比如耳机或手表说是防水的，在直播间或在短视频展示的时候，直接把耳机或手表泡在水里，然后拿出来照样可以正常使用，这就是非常强的事实证明；如果想验证它也防摔，可以从3楼的窗户把这个东西往楼下空地处扔，扔下来后完好无损，这也是一个事实证明。通过这种事实证明可以加强观众对产品的信任度，也会让观众更加相信商家店铺的各种宣传。

另外，我们发现有些直播间或视频也会通过故意演绎翻车的方式来制造热度、吸引流量。比如有一个卖蓝牙音响的主播，直播的时候说蓝牙音响是防水的，然后把蓝牙音响打开丢到水里，结果拿出来音响坏了，这时直播间观众互动率达到了顶峰，大家觉得翻车太有意思了，互动率也就上去了，直播间热度快速飞涨，那一场直播观看人数特别高。这是一个获取流量的技巧，国内抖音平台上有很多博主使用。

（3）化解焦虑

前面有一个用恐惧诉求来激发观众购买欲望的方法，观众的恐惧诉求被我们激发后产生了焦虑，接下来就要帮他化解焦虑。

比如有一位美妆博主，他在直播或短视频中跟大家说："99%的人都不会洗脸！"或者"99%的人洗脸的方式都错了！"或者"这个世界上只有1%的人会洗脸！"这个文案讲出来后非常抓人眼球，观众会想自己是那1%，还是那99%。接下来，他马上说"很多人都是这样洗脸的"，然后开始进行一个错误的示范，讲得头头是道，这时很多观众一看，自己还真是那99%不会洗脸的。其实这就是在激发恐惧诉求，让你觉得洗脸洗错了，接着再跟你说洗脸洗错了多么不好，然后他接着说正确的洗脸方法是下面这样的，给你化解焦虑。针对不同的皮肤，油性的、干性的，应该用什么样的洗面奶，在洗的时候哪里应该多揉搓一会儿，哪里不能揉太久、不能太用力等等。他会说得有理有据，让你觉得很专业，这时你就更容易相信主播，相信这家店铺，从而相信他们的产品。

化解焦虑后，这个主播马上会说，“姐妹们我最近发现一款产品，非常好用，而且价格很便宜，也非常小众，我最近帮大家淘到的价格只要＊＊元”等等，这时由信任产生的购买欲望就更加强烈了。

有了完整的销售思路，整体的转化率才会提高，才能更好地激发受众的消费欲望，和受众产生链接，最终把产品销售出去。

（4）树立人设

树立人设并不是要求这个人一定要在某个领域特别专业，只要在屏幕前、直播间里是专业的就可以了。

有些产品不太适合专业的讲解，在 TikTok 上一共能触达到观众的两种感官，最直接的首先是视觉，其次是听觉。像红酒、香水这样的产品，它不太能触达观众，这类产品需要利用味道吸引受众，但我们很难拍出一条有味道的视频。

比如，卖香水的时候我们讲解里面有什么样的成分，能够散发出什么香味，然后化学物质是怎么样的，观众就会听不懂，也不感兴趣；又或者在卖红酒的时候讲解红酒有什么样的工艺，经过了哪些生产流程等等，观众也不太能听懂，兴趣度也会很低，很容易就滑走了。

其实，我们可以这样讲解。比如卖香水千万不能说香水有多香，它的香味是怎么样的，你要先树立人设，可以说我的鼻子至少闻过 1 000 种香水，我闻过的香水有什么样的，一闻我就知道它是怎么样的等等，树立一个专业人士的人设。又或者卖红酒，可以说我是什么样的品酒师，品尝过多少种红酒等等，可能你并没有把产品讲解得非常清楚，也没有讲什么工艺，就直接树立了专家人设，观众已经相信你了。

3.6.4 如何引导马上下单

观众已经信任我们了，也已经被我们激发出了购买欲望，最后只需要引导观众马上下单，就可以将观众的消费欲望转变为消费行为。有以下几种方法可以帮助我们引导观众下单，具体是：

（1）伪占便宜

伪占便宜的意思就是观众觉得自己占了便宜，但实际上我们作为商家可能卖出去了更多。比如我们经常买肯德基或麦当劳的饮料，一般都会有第二杯半价的优惠活动，这让我们觉得好像占了便宜，但实际上我们花了更多的钱。如果卖的产品是抹布，这个产品成本并不高，主要成本在运费上，所以寄一块不如寄十块，对于我们来说成本是差不多的，但是观众却有一种占了便宜的感觉。刚开始是一块抹布 9.9 美元，观众一块一块地买，发现销量上不去；就改为 10 块抹布 16.9 美元，后面括号里加上“平均 1.69 美元一块”，做了这个变动后，抹布的销量就暴增上去了。所以我们可以用伪占便宜的方法来刺激观众下单，并产生更多的消费。

（2）价格锚定

很多时候我们觉得一个产品贵不贵，都取决于我们心中的锚。比如某一天我们走在大街上，发现路边有摆地摊的，摊位上的杯子特别漂亮，你走过去问老板这个杯子多少钱，老板说 100 元，然后你觉得在地摊上买货总得讲讲价，你心一横问 50 元卖不卖，老板说卖，你就会有买贵了的感觉，老板这么爽快就答应了，说不定给 20 元他也卖。我们来想一下，为什么你会给出 50 元的价格。其实你之所以给出这个价格，是因为老板最开始要价 100 元，他已经给你心里下了这个东西值 100 元的锚，100 元的东西，你想着砍 50 元已经可以了，其实老板就是想让你砍到 50 元。很多时候，价格锚定是一个非常好用的促进下单的方法。

具体到 TikTok 上使用，我们可以在短视频或者直播间上写这个产品的价格是 29.9 美元，这就给观众心理下了一个锚。观众对这个产品感兴趣，点击链接进入到落地页，一看这个产品才 19.9 美元，在落地页上再写一行字，“29.9 美元限时优惠只要 19.9 美元，最后两小时”等等，通过价格锚定的方法刺激消费者马上下单。

（3）情感消费

情感消费就是给观众一个消费的情感理由，促使消费者下单。比如到了情人节给另一半买礼物，到了母亲节给母亲买礼物，这个时候可以用情感营销的方式来推我们的产品。比如说这个产品可以使老年人的皮肤润滑，让他们的皮肤不要那么干燥等等。情感消费是非常容易促使客户下单的。

（4）限时优惠

限时优惠就非常好理解了，直接用限时降价的方式引导观众马上下单，比如刚刚“29.9 美元限时优惠只要 19.9 美元，最后两小时”就是一个很好的限时优惠的例子。很多营销方法都没有降价好用，一降价销量马上飙升，所以限时优惠其实是非常好用的方法。当然，限时优惠也不能经常做，否则会让观众觉得产品就是这个价，天天都在限时优惠，是骗人的。如果是一个想要长久发展的直播间或者店铺，不要天天搞限时优惠，否则容易伤害观众的感情。

TikTok Shop Plus

达人营销

4 TikTok Shop 运营必备

4.1 TikTok Shop 的入驻与设置

申请入驻 TikTok Shop（暂以英国小店为例）之前先要准备以下资料：①需要一个手机号码。这个手机号码不能注册过其他 TikTok 账号或 TikTok 小店。②需要一个注册邮箱。这个邮箱不能注册过其他 TikTok 账号或 TikTok 小店。③准备一个英国区的 TikTok 账号。这个账号的邮箱不要跟注册小店的邮箱相同，因为 TikTok 账号和英国区的 TikTok 小店目前用的是同一套账号系统。④准备一份营业执照。可以是中国内地或香港注册的公司，提供中国内地的公司营业执照或者香港公司的证件。⑤准备好法人身份证正反面照片。

现在可以开始进行入驻申请了。

第一步，打开 TikTok Shop 注册的网站（建议使用电脑浏览器打开）：https：//seller. tiktokglobalshop. com/account/register。

第二步，填写手机号码、手机验证码、邮箱地址、邮箱验证码，设置密码，检查协议，然后点提交，见图 4 –1 –1。

第三步，填写希望开通的市场及售卖国，选择公司主体所在地，见图 4 –1 –2。公司主体所在地可以是中国内地，也可以是香港。如果没有客户经理发的邀请码，也可以选择普通入驻，本质上没有什么区别。

图 4－1－1　TikTok Shop 账号注册

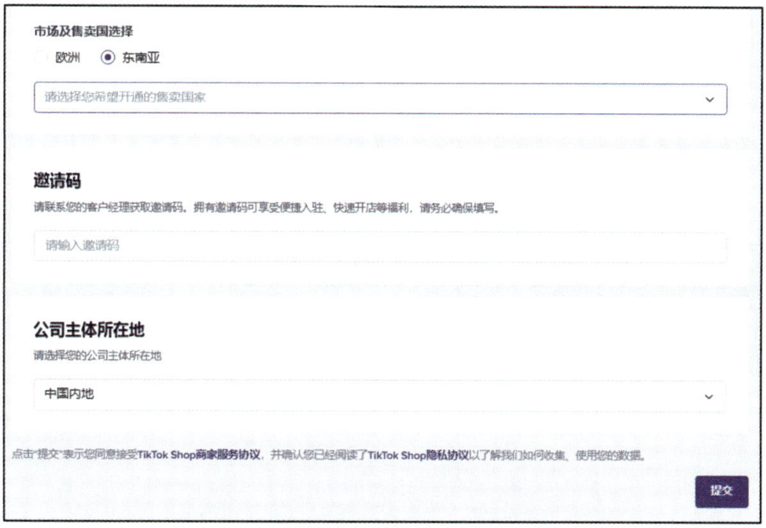

图 4－1－2　选取 TikTok Shop 公司主体所在地

第四步，验证公司信息。上传营业执照，如实填写相关信息，见图4－1－3。

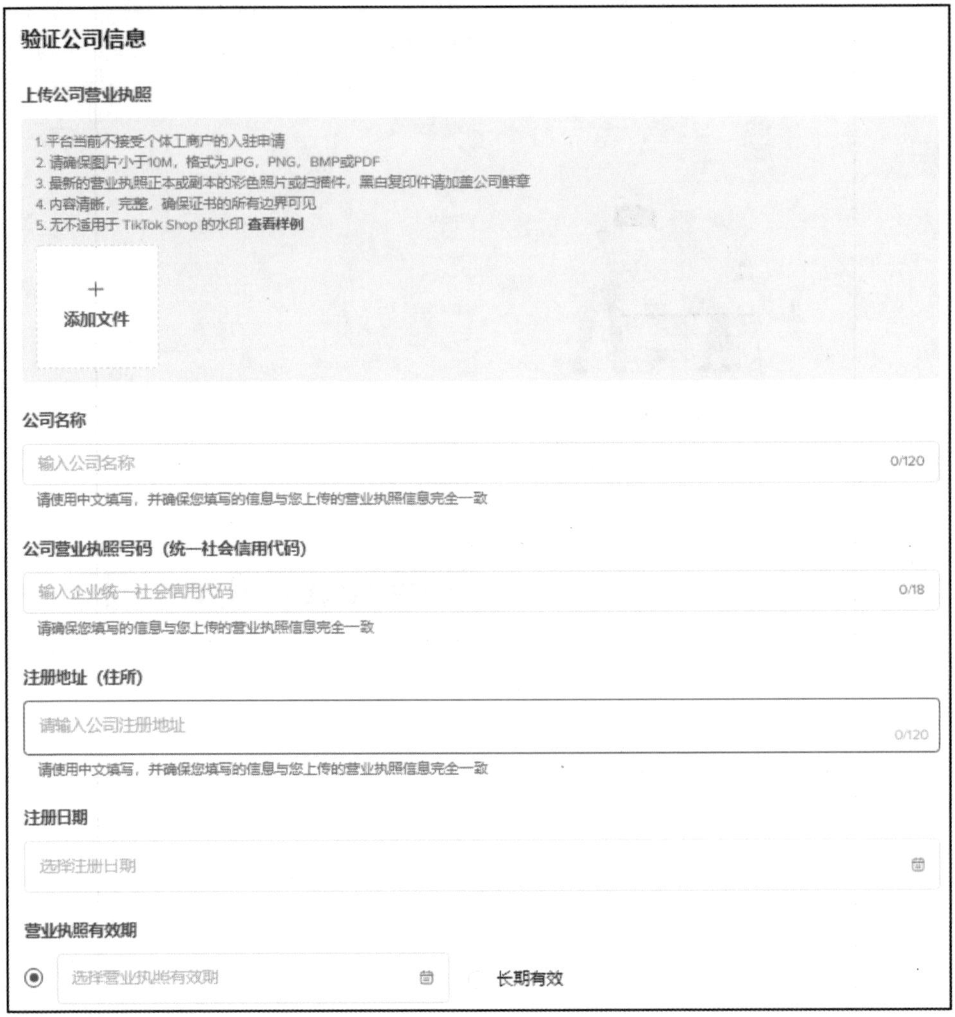

图4－1－3　填写注册公司信息

第五步，验证法人信息。上传身份证正反面照片，如实填写相关信息，见图4－1－4。

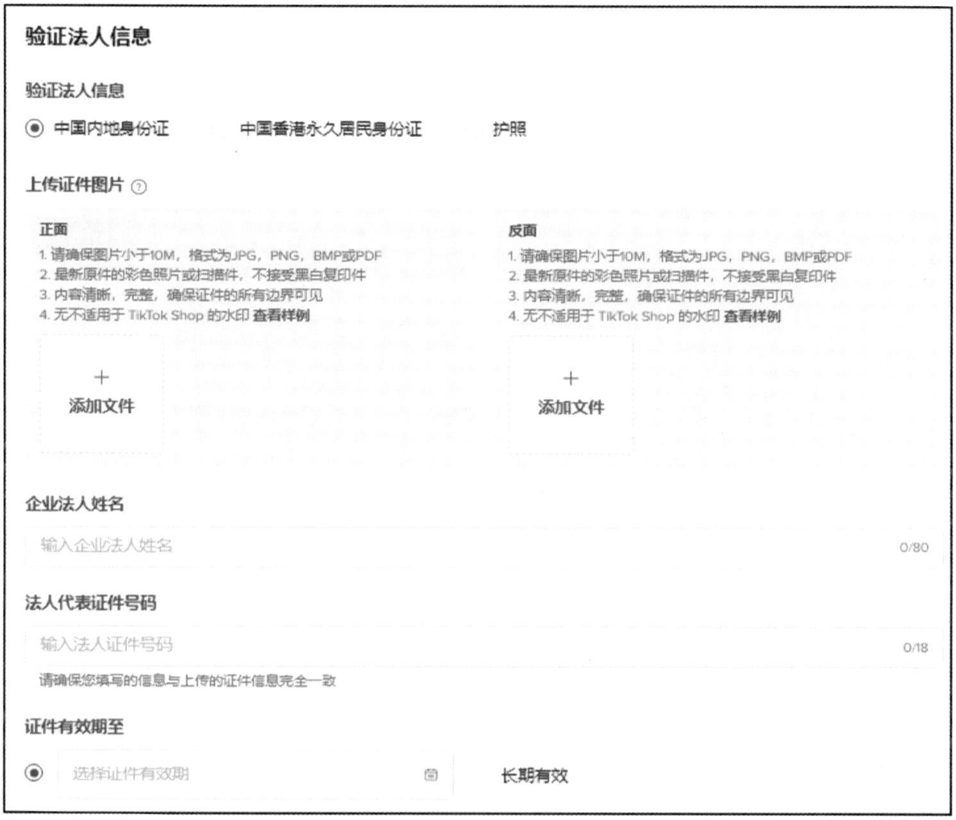

图 4 –1 –4　验证注册公司法人信息

第六步，上传要经营的电商平台店铺的截图（这个验证政策随时会调整）。

第七步，绑定 TikTok 账号。这一步有两点要注意：①绑定的账号一定要是英国的 TikTok 账户。②该账户必须发布 5 个及以上的视频，并有 100 个赞。将符合条件的账号填入，然后通过验证码进行验证，见图 4 –1 –5。

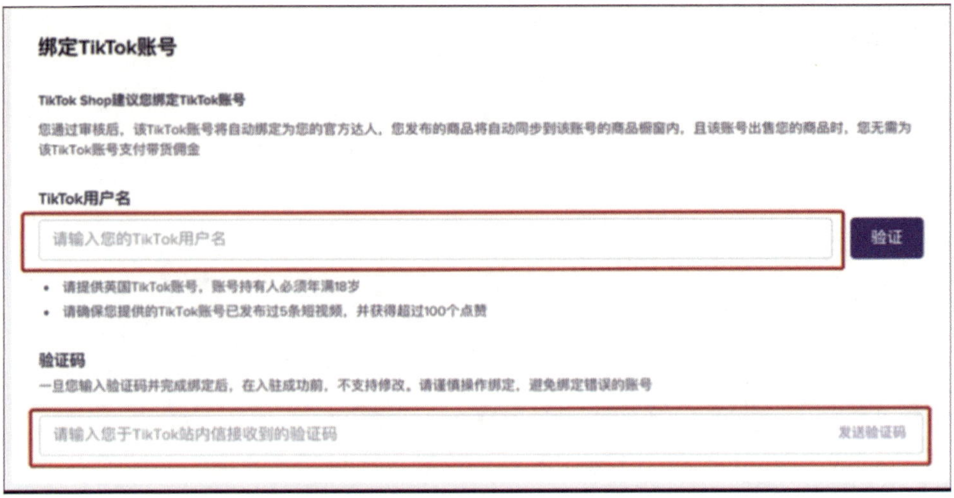

图 4－1－5　绑定英国的 TikTok 账号

第八步，填写 TikTok 店铺名称和主营类别，见图 4－1－6。需要注意的是目前系统不支持修改店铺名称和主营类别。

图 4－1－6　填写 TikTok 店铺名称和主营类别

第九步，填写发货仓库地址，见图 4－1－7。填完后面还会有一个设置退货仓库的地方。退货一般有三种选择：第一种，在英国有仓库的可以直接把英国仓库的地址填上去；第二种，选择将产品退到 TikTok 的海外集中仓；第三种，仅退款，不需要客户退货。

图 4－1－7　填写发货仓地址

至此，TikTop Shop 就入驻成功了！

4.2　产品上架流程和注意事项

TikTok Shop 上架产品的方法有两种：第一种是单个产品上架；第二种是批量上架，可以将多个 SKU、多个产品一次性上架到小店。我们仍然以英国小店为例，来看一看产品上架的流程。

我们先看单个产品上架的流程。

首先，我们进入小店的后台→点击【管理产品】→点击【添加新产品】→填写产品的基本信息，见图 4－2－1。在填写产品基本信息时，我们需要注意：①产品名称一定要用英文填写；②产品种类一定要选择正确，否则容易不过审。

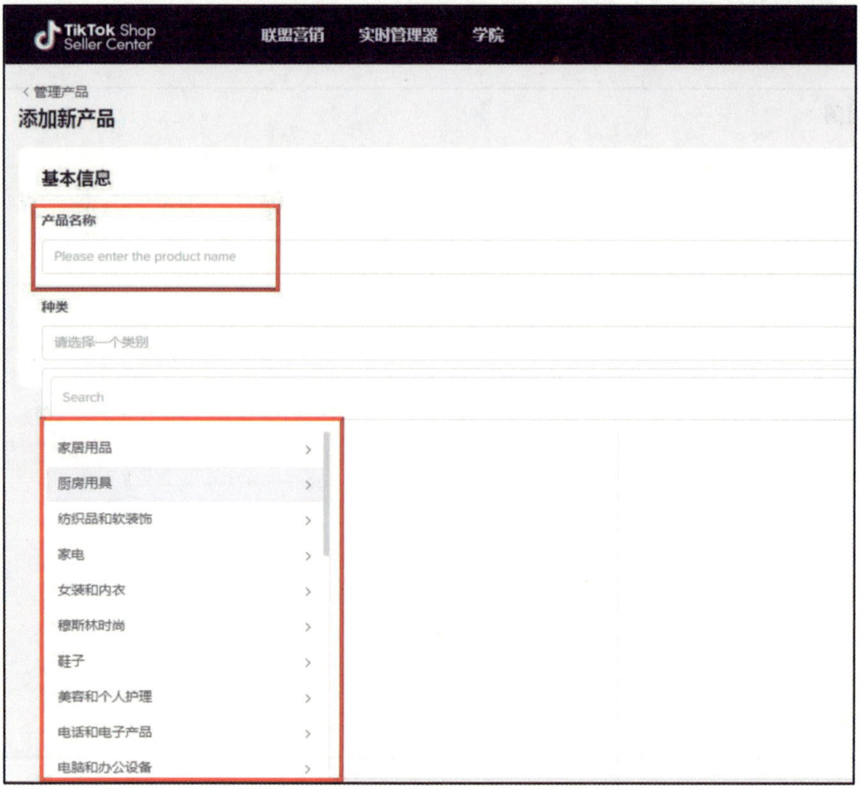

图 4-2-1　单个产品上架

而后，我们要选择产品的属性。如果这个品牌带电或带磁，就在产品属性里选择相应的描述；如果产品没有品牌，即白牌产品，就直接选择无品牌；若有品牌，则在我的账户→商家资料→品牌→添加品牌授权认证中进行认证，见图 4-2-2。

选择好产品属性后，我们要填写产品详情。这里的图片会作为产品的主图呈现，需要注意的是：①最多可以上传 9 张图片，建议用正方形的图片，如果用长方形的图片，系统会让你裁剪成正方形的；②尽量把图片做得美观、清晰一些。产品描述要写完善，保障也要写全面，最终消费者是否购买这个产品与产品详情页的描述有很大的关系，见图 4-2-3。

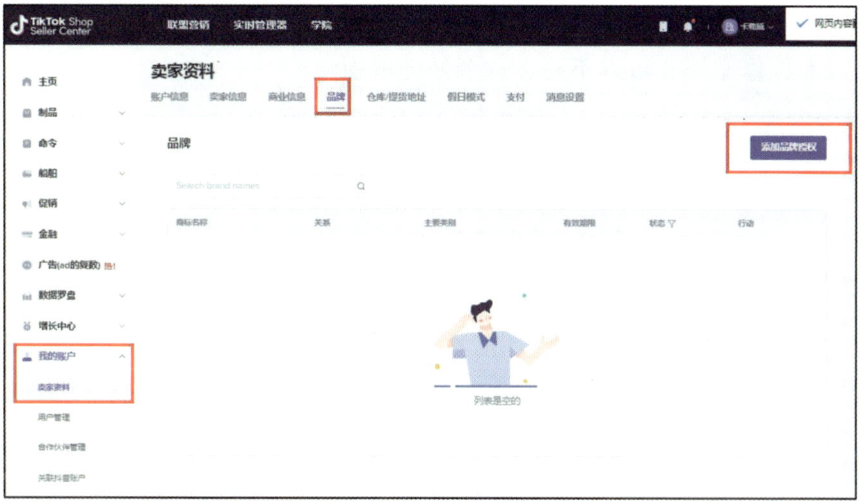

图 4－2－2　创建品牌认证

图 4－2－3　填写产品详情

填写完产品详情后，下一步要填写运输和保修信息（图4-2-4）。如果产品没有保修服务，可以不写，这个是选填项。

图4-2-4　填写运输和保修信息

运输信息是必填项，而且要如实填写。需要注意的是产品重量要如实填写或者稍微填大一点。如果填小了，产品总体价格就会低一些，买家付款也会少一些，但物流公司是按照实际重量收费的，多出来的物流费需要商家自己承担，到最后可能卖得越多亏得越多。产品尺寸也要如实填写，这里的尺寸一定是包装后的尺寸，也就是打包后包裹的尺寸。

接下来是跨境物流成本和预估买家运费。首先要明白完整的跨境物流是产品从中国发货到配送至买家手上的整个过程，这个过程包含两个阶段：第一个阶段是产品从中国的集货仓跨境发到英国的仓库；第二个阶段是产品从英国本土的仓库配送到买家的手上。第一阶段的运费会显示在跨境物流成本中，第二阶段的运费会显示在预估买家运费中。这两个运费商家都可以看到，而买家看到的运费仅仅是从英国本土仓库配送到他手上这一段的运费，也就是预估买家运费，一般是3英镑或4英镑，不同的物流渠道价格会不一样。

接下来填写产品的销售信息，比如产品的尺寸、颜色、图片、价格等。上传产品图片时，需要根据具体的样式、颜色等上传对应的图片。产品定价一定要直接写产品税前价，不能写本地展示价，因为本地展示价 =（产品税前价 + 跨境物流成本）×120%，见图4-2-5。

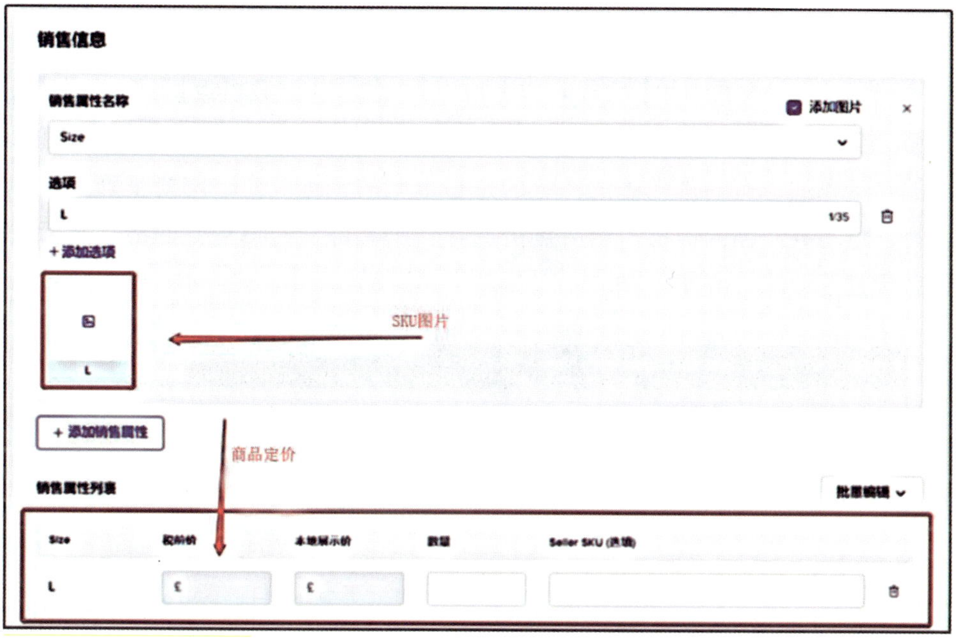

图 4-2-5　上传产品销售信息

当上面所有信息都填写完毕，就可以点击右下角【发布】按钮，然后会有一个弹窗信息告知产品发布成功，这个时候在管理商品页面就可以看到这款产品了，见图 4-2-6。

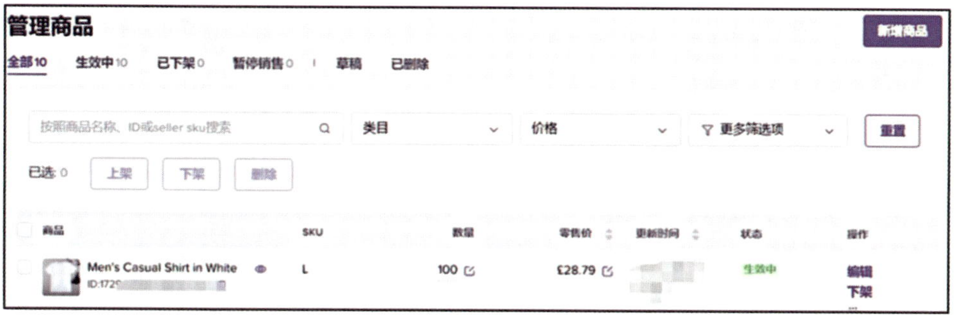

图 4-2-6　管理商品页面可看到上架的产品

现在我们来看批量上架的流程。

在后台主页点击【制品】，找到【批处理工具】，里面有三个功能选项，第一个是【批量发布产品】，第二个是【批量编辑产品】，第三个是【批量编辑产品图像】。

点击【批量发布产品】（图4-2-7）后，点击【下载模板】（图4-2-8）按钮，会有很多类目可以选择，不同类目的产品要求填写的模板是不一样的，有的是带电的，有的是带磁的，有的是粉末状的，等等。一定要正确地选择类目，填写好产品的信息。然后点击选择一个文件，把填写好的产品文件上传就完成了，非常方便。

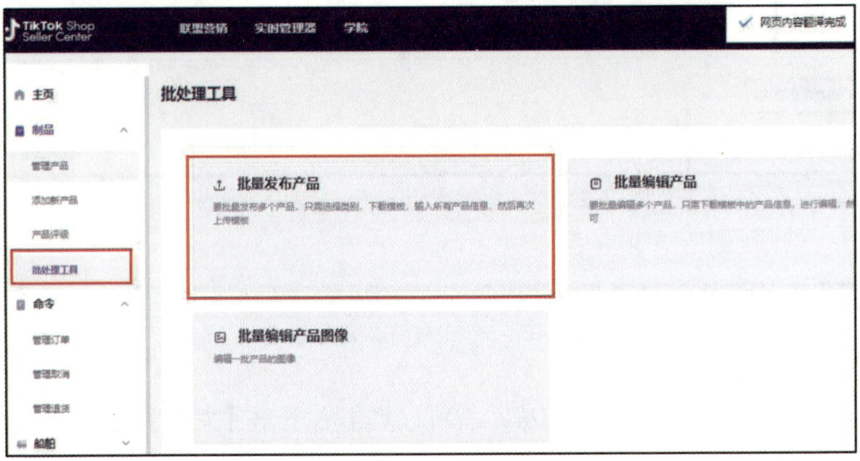

图4-2-7 批处理工具

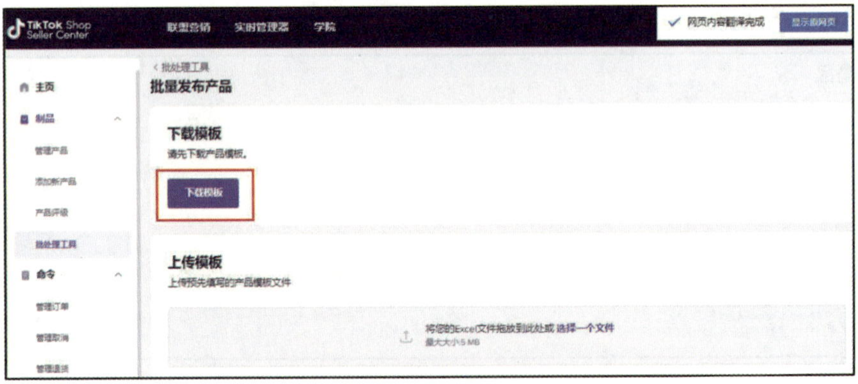

图4-2-8 下载模板

如果产品发布后发现有需要批量修改的地方，可以选择批量编辑产品，把所有产品信息下载下来，修改完后再上传。

如果需要修改产品图片，可以点击【批量编辑产品图像】(图4-2-9)，然后点击【选择产品】(图4-2-10)。这里的产品一定是已经上架的产品，右边有图片栏，可以给产品增加图片或减少图片，操作完成后发布就可以了。

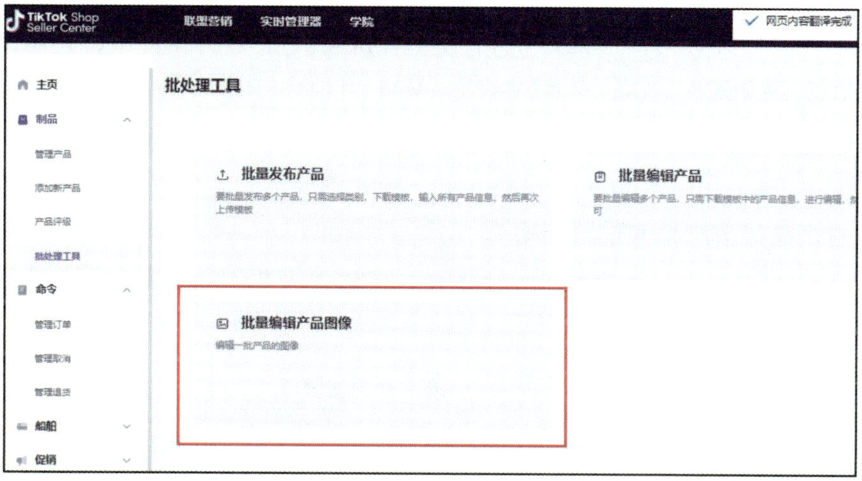

图4-2-9　批量编辑产品图像

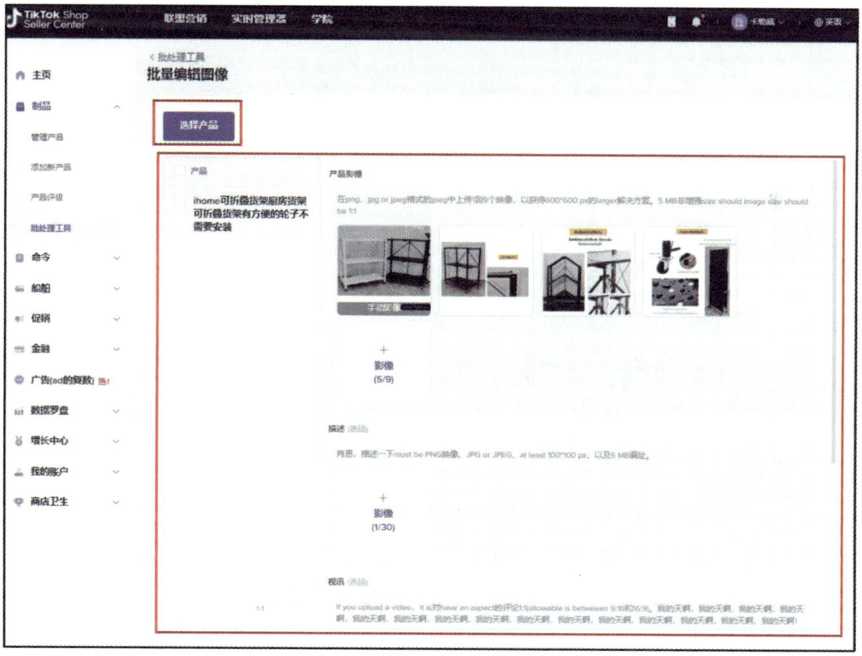

图4-2-10　选择需修改图片的产品

4.3 产品成本结构和定价策略

TikTok Shop 的产品成本由 6 个部分构成，包括：①产品本身的成本和包装成本；②物流费用，包含跨境物流费用和英国本地物流费用；③附加税（VALUE - ADDED TAX，简称 VAT），VAT 目前由 TikTok 官方帮商家代缴，约为交易额的 20%；④平台佣金，为交易额的 3.2%；⑤交易手续费，为交易额的 1.8%；⑥运营成本，包括人工、场地等成本。本节以英国小店为例，来看看产品成本结构和定价策略。

表 4-3-1 是一个成本利润核算表。核算表需要不断更新，因为物流政策、平台政策会不断更新。

表 4-3-1 成本利润核算表

产品	进价/¥	包材/¥	长/cm	宽/cm	高/cm	实重/g	体积重/g	计费重/g	英国税前价/£
xxxx1	6.90	1.00	20.00	5.00	10.00	200.00	125.00	200.00	5.26
xxxx2	12.30	1.00	15.00	15.00	10.00	300.00	281.25	300.00	4.99
xxxx3	50.00	2.00	30.00	20.00	10.00	500.00	750.00	750.00	13.99
样式	本地展示价/£	英国毛利率/£	包裹成本/£	跨境物流成本/£	各项手续费/£	人力成本/£	盈亏点/£	利润/¥	
xxxx1	7.99	0.26	0.95	1.40	2.40	1.20	2.04	16.96	
xxxx2	8.51	0.11	1.60	2.10	2.55	1.28	0.98	8.11	
xxxx3	23.09	0.05	6.27	5.25	6.93	3.46	1.18	9.82	

成本利润核算表中需要填写的信息包括：

（1）产品的进价和包装材料信息。这里需要注意的是，打包后包裹的长宽高和实际重量一定要如实填写，物流公司是将产品体积和重量输入计算公式，取最大值。比如体积非常大，但是重量很轻，会取体积；重量很重，但是体积不大，会取实际重量作为运费的计算标准。

（2）英国税前价，真正的定价就在这里。

（3）本地展示价。本地展示价是英国税前价加上产品从中国运输到英国的跨境物流成本，再加上 VAT 后得到的。

（4）包裹成本。包裹成本就是产品的进价加上包材成本。

（5）跨境物流成本。根据体积或重量（选择其中的最大值）计算出跨境物流费用。

（6）其他各项手续费。这个费用一般是用本地展示价乘 30% 计算的。因为 VAT 大概是交易额的 20%，平台佣金是交易额的 3.2%，交易手续费是交易额的 1.8%，这部分合计为交易额的 25%，剩下交易额的 5% 则是退换货等产生的溢出成本，所以整体按交易额的 30% 来计算。

（7）运营成本。主要是人力成本，通常按交易额的 15% 计算，也可根据实际情况进行调整。

（8）英国本地物流成本。如果产品没有设置包邮，本地物流的成本就由客户承担；如果产品设置了包邮，本地物流成本一般是 3 ～ 4 英镑。当然，本地物流成本也可以根据实际情况进行调整。

再次强调，这个成本利润核算表只是一个示例，需要随着政策的变动不断调整。

4.4 TikTok Shop 订单管理及售后

我们先了解一下订单管理的步骤。

点击【订单】，找到【订单管理】，点击【待发货】，在【待发货】下面有个订单中心，找到订单状态为待处理发货的订单，点击【安排发货】，这时会弹出一个窗口，让你确认是否设置为待揽收，点击【确认】，订单状态就会改为待揽收，同时这个界面会弹出订单已发货的信息；点击上面的【待揽收】，鼠标移到订单后面点击【---】，选择【全部打印】，就可以打印物流面单和拣货单了（图4－4－1、图 4－4－2、图 4－4－3）。

图4-4-1　订单管理

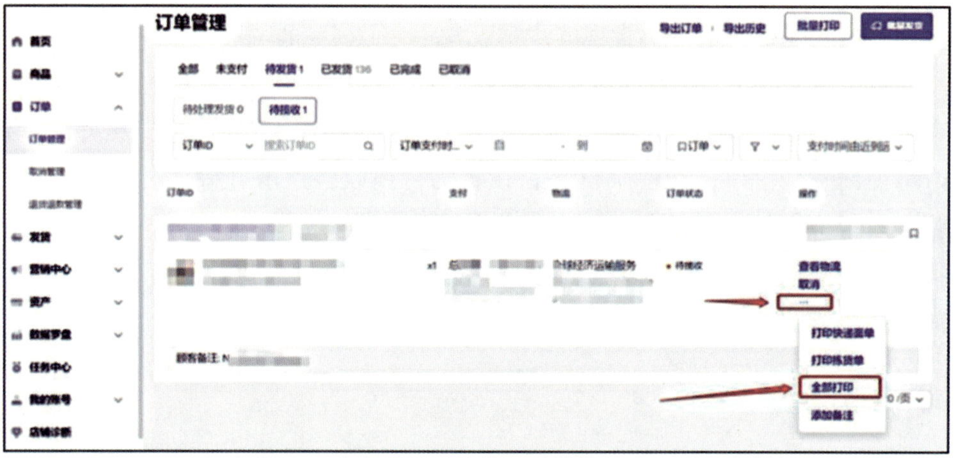

图4-4-2　快递面单和拣货单的打印

系统跳转到打印物流面单界面，确认无误后，点击【打印】按钮，把打印出来的物流面单贴到包裹上，等待物流公司过来揽收或者自行把包裹寄到集货仓就可以了。

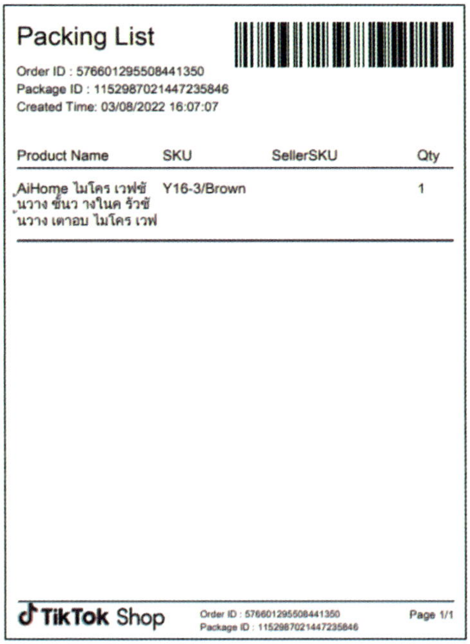

图 4－4－3　物流面单

了解了订单管理后，我们看看如何进行售后管理。

店铺经常会有一些需要退换货的售后订单，我们可以在小店后台点击【订单】，点击【退货退款管理】（图 4－4－4），就会看到待处理的订单，这些订单是买家申请退货退款的订单，查看这些申请后，可以同意或者拒绝请求（图 4－4－5）。但很多时候处理方式都是退款赔付，因为产品已经在英国，再退回中国也不太现实。

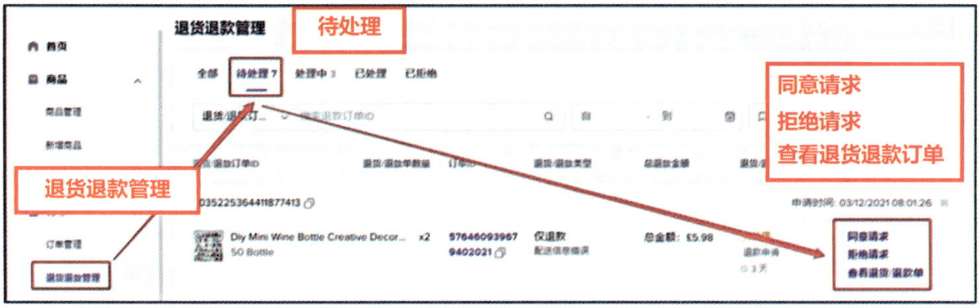

图 4－4－4　退货退款的订单管理 a

图 4-4-5　退货退款的订单管理 b

如果查看具体情况后，发现产品在交付过程中确实存在问题，比如损坏、发错、漏发或少发等情况，可以跟买家协商处理。如果是产品漏发了，可以补发或者退部分款项。如果是产品某个已承诺的功能没有达到，也可以协商退部分款项。

如果产品不存在任何问题，而且已经妥投签收，买家是恶意申请退款，可以选择拒绝请求，然后选择拒绝的理由。同时在后台与买家进行协商，说明理由。

如果物流派送失败，后台显示已退回仓库，一般建议买家联系当地的邮局自己去取一下，或者在小店帮助中心创建客服工单，把情况写清楚后申请二次派送就可以了（图 4-4-6）。

二次派送分三种情况：①买家问题。买家填错地址，卖家可以给买家增加一次免费派送的机会。②物流公司问题，由物流公司承担。③问题界定不是特别清晰，不知道到底是谁的责任，则由 TikTok 平台兜底，承担二次派送

图 4－4－6　包裹派送异常

的费用。

有时也需要让平台客服介入沟通判定责任。买家可以在 TikTok App 后台找到相应订单，申请客服介入。

4.5　TikTok Shop 物流发货及注意事项

在上一节介绍订单管理时，介绍了单笔订单如何发货，但是小店通常一天会有几十上百个，甚至更多的订单需要发货，如果一个个去点击发货，效率会非常低。所以这一节我们会介绍如何进行批量发货。

进入小店后台，点击左边的【船舶】，点击【批量运输】。第一步安排运输选择包裹，把需要安排发货的所有订单勾选上；第二步批量运输。点击批量发货已勾选的包裹，这时所有包裹都会变成待揽收的状态（图 4－5－1）。

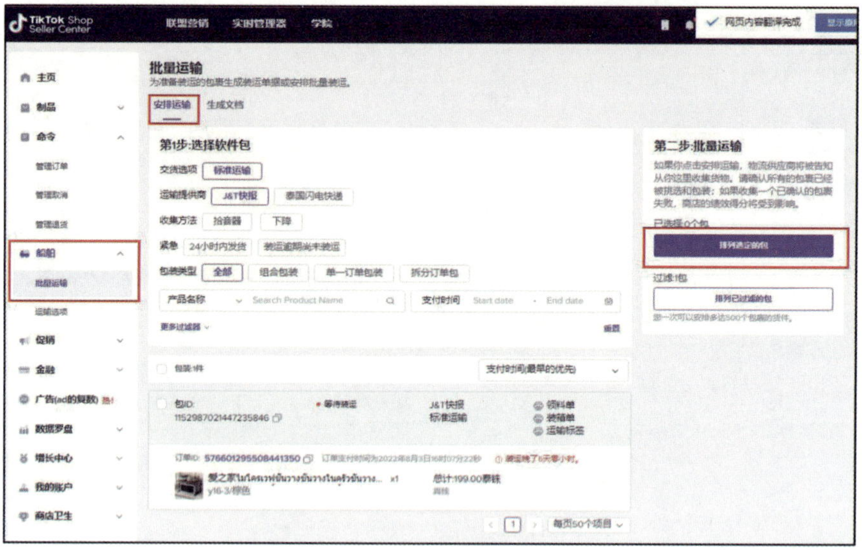

图4－5－1　批量发货的操作界面

点击【生成文档】，选择需要批量打印的包裹；然后进行文档设置，把拣货单和运输标签都勾选上，纸张尺寸一般选择默认的A6纸张；点击【打印】，物流面单和拣货单就会同时打印出来；最后将物流面单贴在包裹上就完成了（图4－5－2）。需要注意只打印拣货单是不能发货的。接下来就等物流公司过来揽收包裹了。

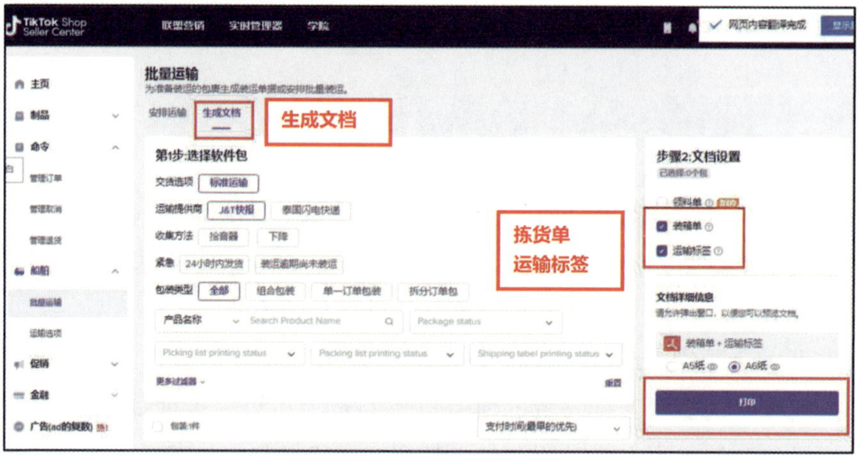

图4－5－2　批量打印的操作界面

如果包裹已经发出，买家又申请了退款，这时就要进行包裹拦截。卖家要先查看包裹的物流状态（图4－5－3、图4－5－4），因为只有两种物流状态的包裹可以拦截。

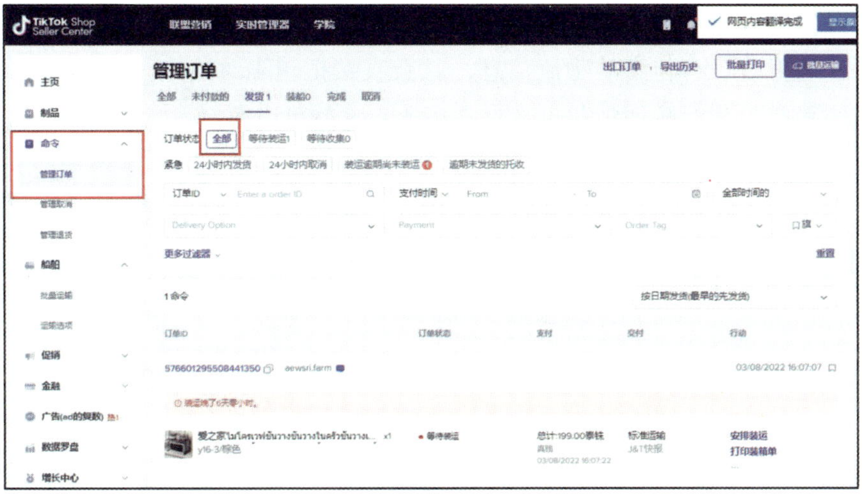

图4－5－3　订单管理页面查看包裹物流状态

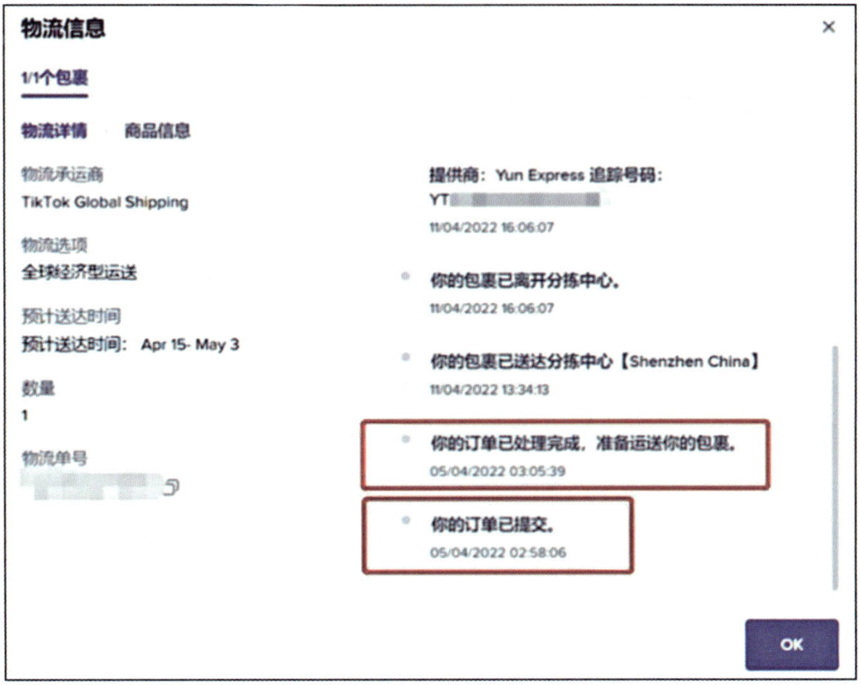

图4－5－4　物流信息页面查看包裹物流状态

第一种是订单刚提交。这时包裹是待揽收状态，只需要在后台取消订单就行了。

第二种是订单已经处理完准备运送，但包裹还没有进入分拣中心，这时在后台直接点击取消订单也是可以的。因为包裹在进到分拣中心时要扫码，如果扫码发现没有包裹的物流信息，就会直接把包裹拿出来，下一次物流公司过来揽收包裹时顺便把包裹带过来还给卖家就可以了。

如果有些物流公司没有上门揽收服务，是卖家直接把包裹寄给它们的，那物流公司就会把包裹寄还给卖家。当然卖家是需要支付邮费的，邮费一般是到付。

我们再看下发货需要注意哪些问题。

卖家在选品或者发货时要注意有一些违禁的产品是不能发货的，比如大于100毫升的含酒精的液体；充电宝这类移动电源属于纯电池，有可能不能发；还有一些侵犯知识产权或假冒伪劣的产品，也是不能发的。这些违禁产品发出后一旦被查出来，可能会被罚款。

这里罗列了17种违禁产品，包括：①枪支；②管制器具、攻击性武器；③易燃易爆物品；④压缩和液化气体及容器；⑤植物及植物制品；⑥动物及动物制品；⑦任何药品；⑧食物；⑨液体、粉末及类似制品；⑩纯电池及移动电源；⑪非法伪造物品；⑫侵犯知识产权和假冒伪劣物品；⑬毒性物质；⑭腐蚀性物质；⑮毒品及吸毒工具；⑯非法出版物、印刷品、音像制品；⑰间谍专用器材。

在发货打包时千万不要打包成异形件。比如某些包裹最大的尺寸长度是60厘米，打包时长度一定不能超过60厘米，如果超过则会被退回，这是很多卖家都踩过的坑。所以发货打包时一定要明白打包的规则，只有这样才能让包裹顺利发出去。

4.6 TikTok Shop收款及提现

资金的周转速度对于做生意是非常重要的。在TikTok Shop收到货款后多长时间能够提现到中国的银行卡上，这是中国卖家都非常关心的问题。

目前TikTok Shop仅支持派安盈账户收款，所以我们需要先注册一个派安盈账户。打开派安盈官网 www. payoneer. com. cn，点击右上角的【注册】进到注册页面，跟着页面提示完成注册就可以了，比较简单（图 4 – 6 – 1）。也可以参考官方教程，具体网址是 mp. weixin. qq. com/s/6VJ3d – ytQqLMM3p2MDiOtA。

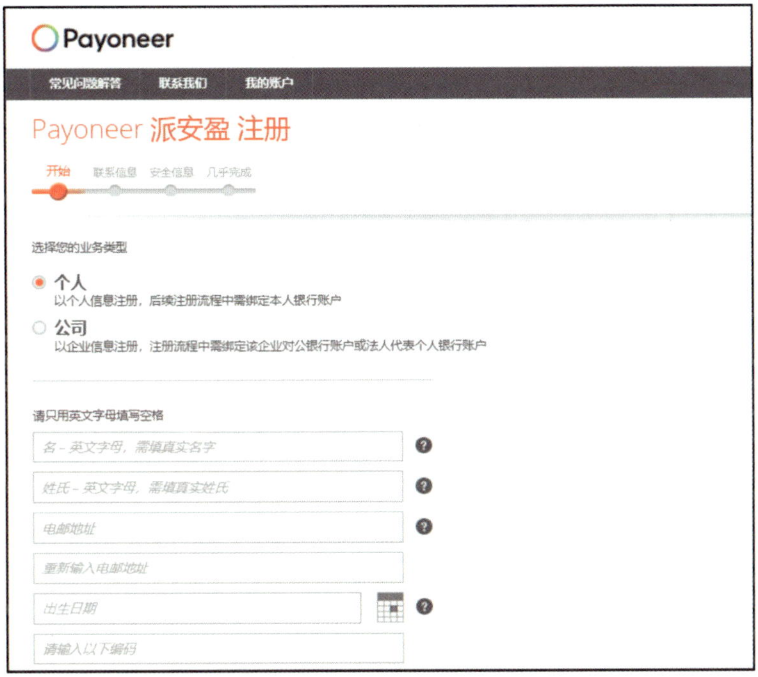

图 4 – 6 – 1　派安盈账户注册页面

个人和企业账户均可在小店后台收款。如果有资质注册企业账户的，还是建议注册企业账户，在后面可能有一些服务是要用企业账户才能绑定的，而且用企业账户收款会更加合规。

注册好派安盈账户后，在小店后台点击【我的账户】，点击【卖家资料】，点击【支付】，在这个页面绑定派安盈账户，绑定后一般一个星期以内就能完成审核，也有可能当天就通过审核（图 4 – 6 – 2）。

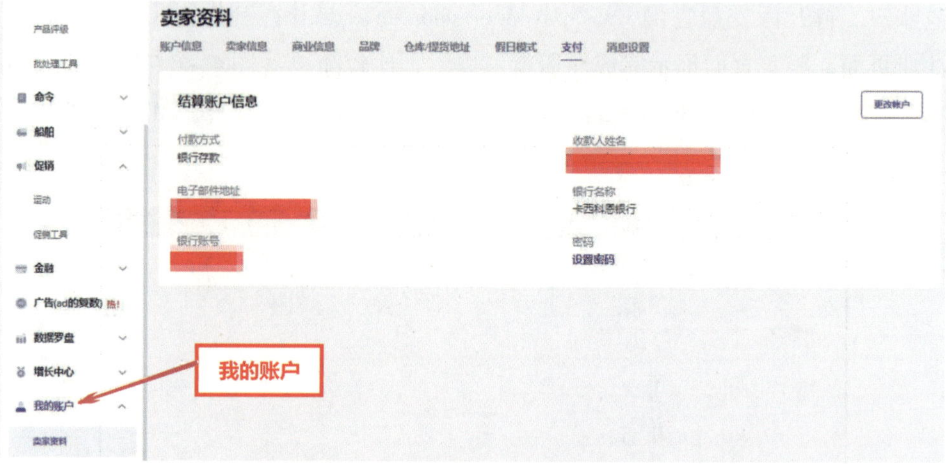

图 4－6－2　开通支付功能操作页面

当买家支付款项后，只要 TikTok 将款项打到派安盈账户上，从派安盈平台转到卖家的银行卡就很快了。

TikTok 的结算周期是每天英国时间 0 点结算可结款项，结算后通常 1～5 个工作日就会将结算款打到卖家的派安盈账户上，同时发票也会自动发到卖家的邮箱里。

可结款项简单理解就是那些我们已经完成了履约，产品已经妥投，买家已经收到产品，同时产品已经过了售后期的订单。例如，英国 TikTok Shop 的售后期是 14 天，而且要求没有在途售后，即在这 14 天内没有正在处理的售后。

如果在售后期买家提出了退货或者退款，卖家没有在 48 小时内确认同意或者拒绝，平台会自动同意买家的申请，把款项退回给买家。所以卖家一定要及时处理后台的售后信息。

图 4－6－3 是平台打款周期的示意图。比如买家 1 号下单，物流公司派送一般是 7～14 天（设定为 D），买家收到货后会有 14 天的售后期（不包含有在途售后的情况），售后期的下一天，也就是 D＋14＋1 天，平台就会打款给卖家。

图 4-6-3 收款的流程周期示意图

如果包裹配送需要14天（不包含有在途售后的情况），售后期14天，平台打款时间是1～5天（碰到节假日顺延），那么买家下单到卖家收到款的回款周期大概就要1个月。然后卖家在派安盈账户里将余额提现到绑定的中国的银行卡就可以完成回款了，这个过程是秒提秒到账的。

目前东南亚地区的TikTok Shop也是通过派安盈平台进行回款的，未来官方也许会支持其他渠道回款。

4.7 TikTok Shop 违规及申诉

4.7.1 违规行为

TikTok Shop平台为了保障用户安全，营造积极的购物环境，为用户提供有信任价值的购物体验，制定了商家管理政策规则。卖家要符合平台制定的规则，不然就会违规，违规就会被平台警告（图4-7-1）。如果卖家对违规警告有异议，也可以向平台申诉。

根据平台规则，违规大致来自四个方面：卖方资格认证、产品合格性和资质、Listing相关以及客户服务和订单履约。卖家可根据表4-7-1中列出的具体违规行为来检验店铺是否违规，提前自查以降低违规风险。

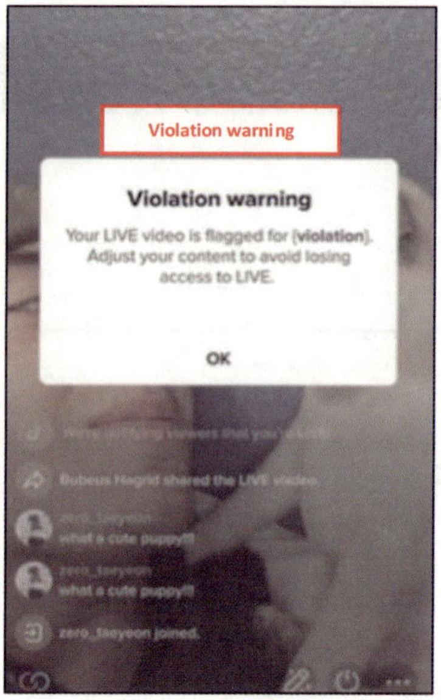

图4-7-1 直播违规警告界面

表4-7-1 官方列明的违规行为

违规类型	具体违规行为
卖方资格认证	过期认证、遗漏资格认证、虚假认证
产品合格性和资质	伪造资质、过期资质、遗漏资质、恶意侵犯知识产权、涉嫌侵犯知识产权、非蓄意侵犯知识产权
Listing 相关	禁止产品、可复制清单、产品错误归类、禁用产品详细信息、不适用产品详细信息
客户服务和订单履约	24 小时内首次响应率、主动给客户留言、请求客户取消订单的情况、卖家取消订单率、48 小时内响应率、残次品订单率、航运禁止产品、恶意评论处理、禁止与客户沟通的内容、延迟发货的情况

除以上官方明确列出的违规行为以外，还有一种违规行为就是在直播间进行站外引流。比如，在直播间经常说“可以去我的主页”“在我的主页里面可以找到我的链接”等等这一类引导语，系统会自动识别出来，并判定为没有经过授权的网站引流，属违规行为。

侵犯知识产权是出现频率较高的一种违规行为。一些手办类如钢铁侠手办等，很多都存在 IP 侵权行为。还有一些仿大牌的擦边球产品，比如把

GUCCI 改成 CUCCI 等，也会被判定为违规行为。

还需注意的是，若直播间面向低龄客户，在直播间出现了未成年人，或者经常提及未成年人信息，比如说给孩子买什么样的产品等等，会被判定为该直播间存在面向低龄客户的违规行为。

4.7.2 违规处罚

TikTok 对平台上的卖家采取的处罚措施取决于卖家违反相关政策和指导方针的严重程度以及违反频率。

针对卖家不同程度的违规行为，TikTok 给予的处罚措施可以参考表 4－7－2。

表 4－7－2　TikTok 平台卖家违规行为处罚措施

违规程度	违规处罚措施
12 分	①收到正式警告信息； ②30 天内卖家日订单量存在 90% 上限； ③30 天内卖家无法参加大促、各类活动、促销，无法获取平台货补等
24 分	①30 天内禁止卖家加入联盟； ②30 天内卖家日订单量存在 70% 上限； ③30 天内卖家无法参加大促、各类活动、促销，无法获取平台货补等
36 分	①收到正式警告信息； ②60 天内卖家无法参加大促、各类活动、促销，无法获取平台货补等； ③取消 TikTok Shop 30 天的经营资格
48 分	收到正式警告信息，封禁店铺

如果平台判定卖家违规，卖家就会收到违规警告信息，此时卖家一定要及时自查并整改。

如果是在直播的过程中违规，导致小黄车的所有产品被下架，这时不需要关闭直播重新上架产品后再开播，可以在网页端找到直播中控台，在中控台重新上架产品。如果被多次警告，平台风控组刚把小黄车产品下架，卖家没有整改就马上再次上架产品，这样反复几次，处罚轻的可能只是降低直播间的权重，处罚重的就直接取消电商权限或者直播权限了（图 4－7－2）。所以在直播间看到违规警告信息时一定要自查并及时整改。

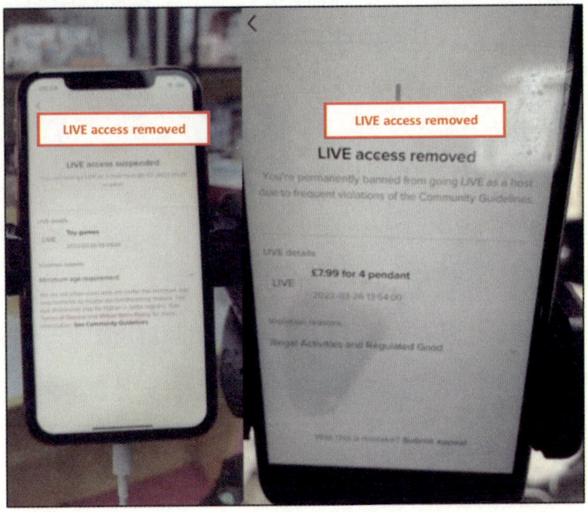

图 4－7－2 直播违规处罚界面

4.7.3 违规申诉

如果被判定违规并受到处罚，经过自查后发现没有任何违规行为，有可能是被误判的，可以提出申诉。

若因为错误信息卖家被强制采取行动，卖家可通过卖方中心提出申诉请求。平台将彻查相关案件，并适当采取纠正措施，注意：卖家需收集和准备案件调查期间所需的证明文件。同一个案件最多可提出两次申诉，第一次申诉可在平台执行措施后 30 天内提出，第二次申诉可在第一次申诉被驳回后 15 天内提出。

若卖家申诉成功，将取消所有处罚，并恢复任何被撤回的权利。如果申诉失败，还有一个办法就是找平台的客户经理沟通。如果平台的客户经理觉得有回旋余地，可以让他帮忙争取一下。

另外，需要注意的是，所有决定均由平台做出，并在卖家第二次申诉后成为最终结果。

如果在直播期间进行直播申诉，可以点击违规详情页下面的【Submit appeal】进入申诉页面，如实填写情况，然后提交，等待申诉结果（图 4－7－3）。如果看到图 4－7－4 所示的页面，就表示申诉成功了。

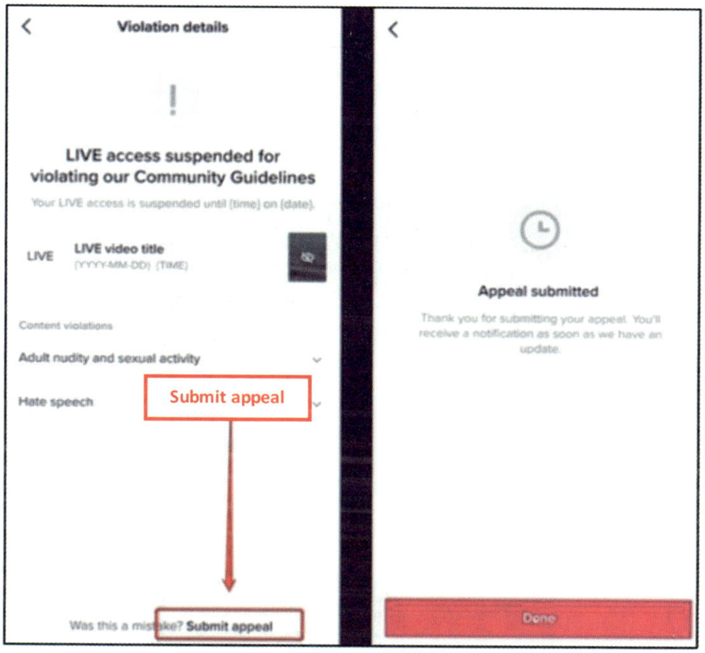

图 4－7－3　直播申诉操作页面

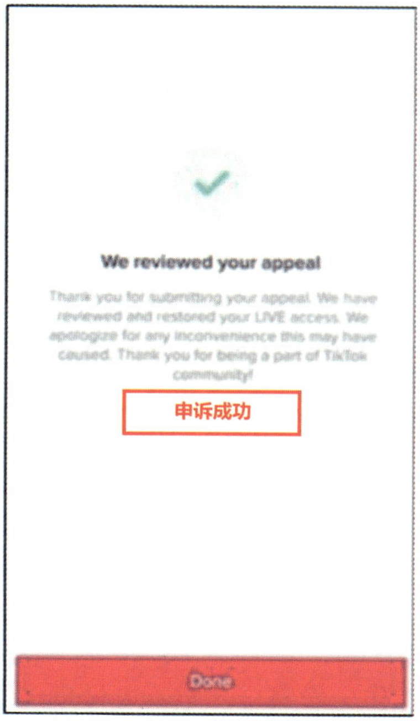

图 4－7－4　直播申诉成功的页面

如果直播结束了，而且违规警告的页面也已关闭，已经回到了常规状态的 TikTok 页面才想起要申诉，可以点击直播间页面上的【Inbox】(图4-7-5)，在里面找到直播间被暂停或被封禁的消息，然后点击右上角的【Appeal】。也可以任意找到系统发过来的信息点击【feedback】去申诉。

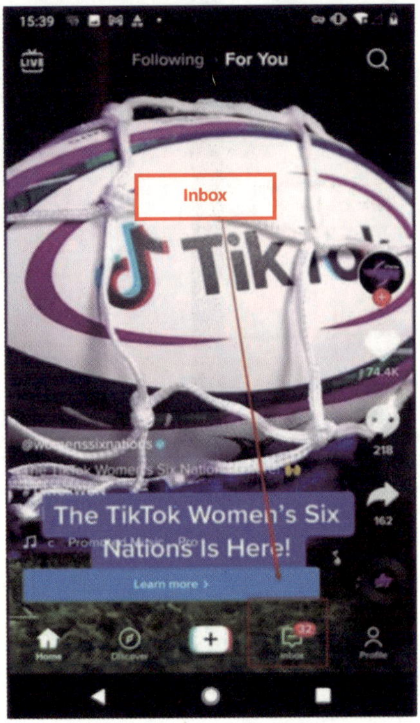

图4-7-5　直播完成后申诉入口操作页面

违规与申诉一直以来都是一个“黑盒子”，没有哪个平台会把相关细节清楚明白地罗列出来。因为一旦罗列清楚了，就一定会有人根据这些规则钻空子。所以不需要深入细致地研究具体的违规细则，只要根据官方列出的违规条款进行自查就可以了。如果仍出现违规，就及时自查整改或申诉，这样不断迭代不断补漏。

政策对卖家而言是一把双刃剑，虽然政策在一定程度上限制了卖家，但 TikTok 平台对所有卖家采取统一的强制措施，也在很大程度上为卖家创造了良好的交易环境。总之，作为卖家，一定不要做危害平台健康发展的事情。

5 TikTok Shop 达人营销

5.1 联盟营销计划

联盟营销是什么？它是商家和达人之间的一个链接。在平台上，有的商家仅仅是供货能力或供应链能力很强；有的创作者作为达人，创作能力和吸引流量的能力非常强，但他没有货。联盟营销可以让双方对接，通过合作实现变现。

联盟营销通过联盟计划实现，有三种联盟计划可供选择。

第一种是公开计划。公开计划就是商家创建的所有符合联盟资格的达人都能看到的计划。假如今天有个达人想要带货，他在联盟广场上看到了我们创建的公开计划，他可以申请对我们的产品进行销售，我们确认后，他就可以进行销售了。销售完成后，我们会直接把佣金打到他的账户。

第二种是定向计划。商家定向邀约一些达人，因为觉得这些达人非常优秀或者非常适合带自己的产品，想邀请他们帮着做分销带货，甚至有时候还会给他们更高一点的佣金比例。

第三种是店铺计划。店铺计划是针对整个店铺的产品，不管产品有没有上传到公开计划或定向计划。假如我们设置了店铺计划，就默认店铺上所有上传的产品都可以让达人们进行分销，而且会给所有的产品设置一个基础的佣金比率，比如任何上架的产品，达人进行分销都能获得 10% 或者 15% 比例的佣金。

比较常用的是公开计划和定向计划。

我们先来看下怎样创建公开计划。

先在小店后台找到联盟带货，点击进到管理联盟带货的页面（图 5 - 1 - 1），点击左边的【计划管理】，然后找到并点击【公开计划】，右上角会有一个【新建公开计划】（图5－1－2），点击【新建公开计划】后，会有一个产品列表，勾选出想让达人分销的产品就可以了（图5－1－3）。

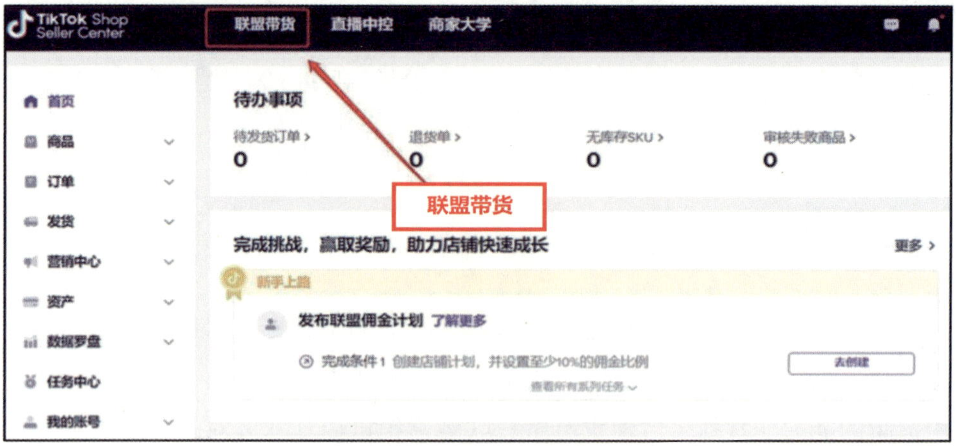

图5－1－1　联盟带货页面

图5－1－2　公开计划页面

点击【Next】后，需要设置佣金，并加上产品的推荐语，比如这个产品的性价比比较高等，这样有助于让达人看到时对产品产生兴趣，愿意去分销。填完佣金和推荐语后，在右下角点击【使服从】就可以了（图5－1－4）。建议佣金比例尽量在10%以上，这样会更有吸引力。除非是大牌硬通货，佣金比例可以低一些，可能2%～3%也有人愿意带货，毕竟品牌本身就自带IP和流量。

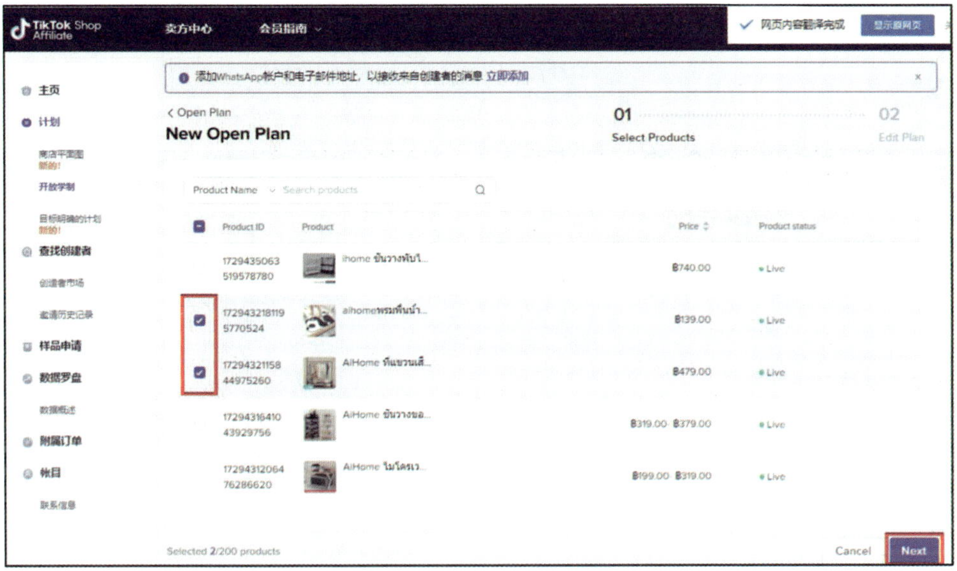

图 5－1－3　将产品设置为分销

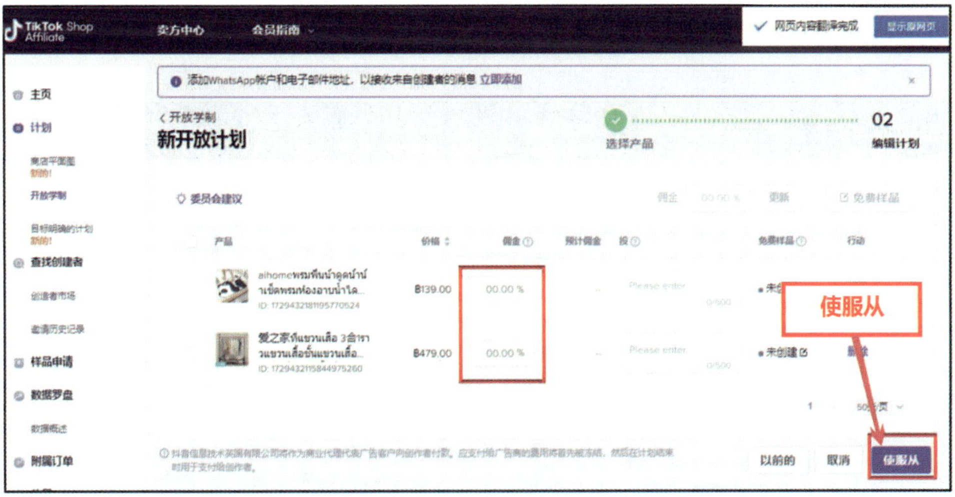

图 5－1－4　设置公开计划里达人的佣金比例

接下来看如何创建定向计划。

与创建公开计划类似，我们先在后台找到联盟带货，进到管理联盟产品的页面，点击左边的【计划】，点击【目标明确的计划】，右上角会有一个

【新的目标计划】，点击后就会进到商店的产品列表，选择想要定向的产品后，点击【下一步】，给计划起个名字，然后把佣金比例设置好（图 5-1-5、图 5-1-6）。

图 5-1-5　创建定向计划 a

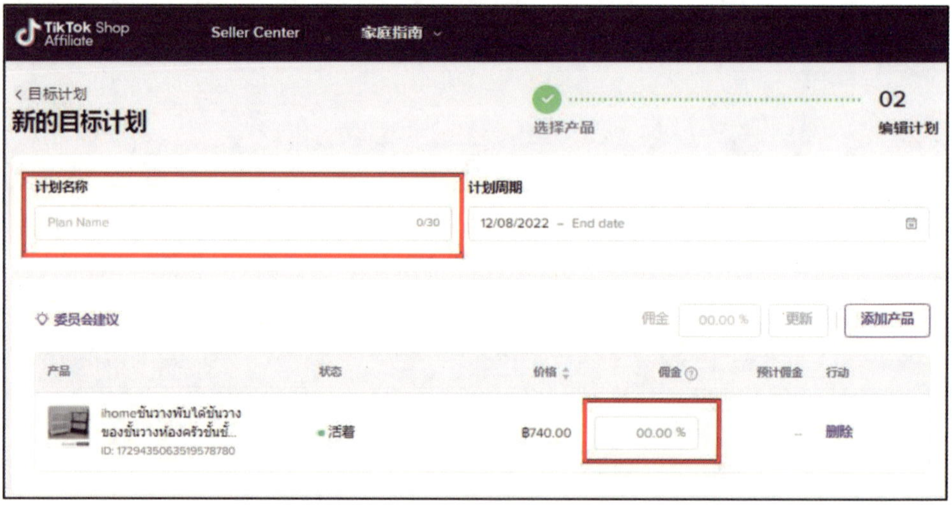

图 5-1-6　创建定向计划 b

相较于公开计划，定向计划最关键的一个步骤就是在设置完成后，还要输入定向邀请的达人名称，每一个计划最多定向邀请 30 位达人（图 5－1－7）。除了被邀请的达人，其他达人看不到这个产品的分销信息，所以只有被邀请的达人才有权限去分销这个产品。输入完达人名称后，点击右下角的【提交】，就会出现一个创建成功的页面。

图 5－1－7　邀请达人的操作页面

虽然我们邀请了达人帮我们带货，但仍然需要达人在达人端口操作，只有他接受了邀请，才能开始帮我们带货。

5.2　寻找匹配达人

寻找匹配的达人主要有三种方法，第一种是直接在 TikTok 里找，第二种是通过 TikTok Shop 的达人广场主动建联，第三种是通过 TikTok Shop 达人广场被动建联。

第一种在 TikTok 里找，这其实是最笨最原始的一种方法。打开 TikTok，然后搜索产品相关的关键词，比如宠物类产品就搜宠物食品、宠物玩具等，通过这样的关键词搜索能找到跟产品相关的各种类型的达人。如果想查看他在 TikTok 上推荐的产品，可以进到该达人的主页查看。如果你期望跟这位达人建立联系，主页上一般会有联系方式，比如邮箱地址或链接地址等。如果有邮箱就直接邮箱联系。如果没有邮箱，但是有链接地址，也可以进到链接的页面找到相应的联系方式，然后跟达人取得联系。如果既没有邮箱也没有链接地址，建议去这个达人的评论区留言。因为评论区的评论通常会非常多，我们的留言没有那么容易被注意到，所以我们可以通过多次留言来引起他的注意。

通常用这种方法找到的达人，我们很难判断他适不适合、能不能带货，因此建议用第二种方法。

第二种我们通过 TikTok Shop 的达人广场主动建联。在我们小店的后台点击【联盟带货】后，就会进入到联盟分销的页面，点击页面左边【达人广场】后，右边会出现非常多的达人，上面带推荐标识的，就是 TikTok 系统推荐给我们的达人。

每个达人都会有粉丝数、平均观看数、粉丝性别分布、定位等信息，我们可以通过这些信息筛选出适合我们产品的达人，然后直接点击【联系】就可以联系达人了（图 5－2－1）。

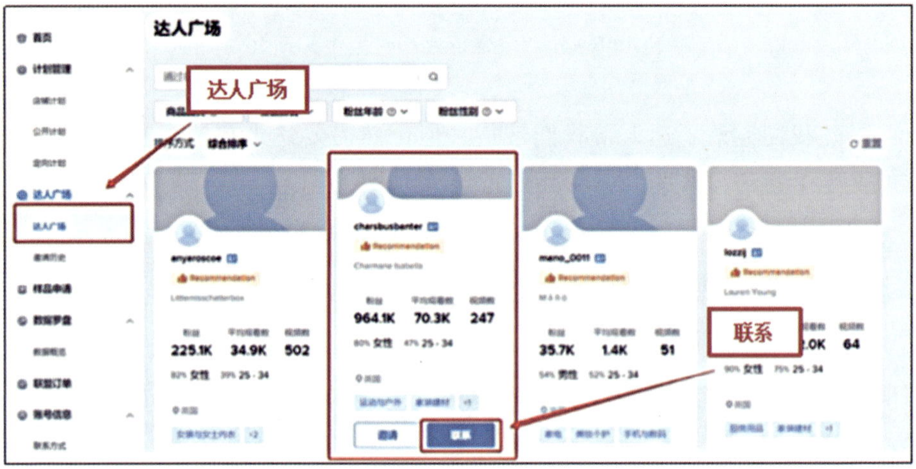

图 5－2－1　达人广场邀请带货达人的页面

如果达人没有留下联系方式，我们也可以点击这个达人卡片左下方的【邀请】，发送我们的合作意愿，等待达人主动回复我们（图 5－2－2）。

如果达人没有回复我们，还有一个入口可以给他发送消息。我们可以进入这个达人的具体介绍页面，在页面的右上角，有一个【对这个创作者感兴趣？创建一个有针对性的计划】按钮，点击这个按钮就可以直接把我们产品的定向计划发给他（图 5－2－3）。如果这位达人对我们的产品感兴趣，他就会响应邀请，主动跟我们联系和沟通。

图 5－2－2　达人卡片上的邀请入口

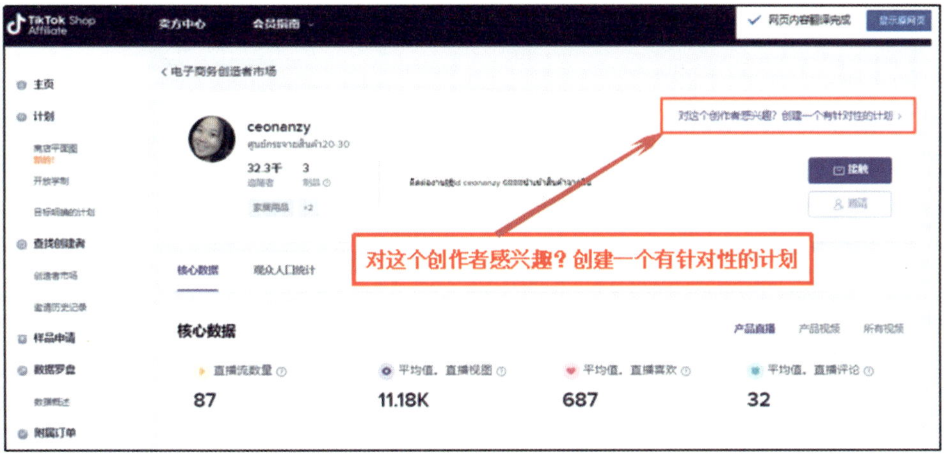

图 5－2－3　达人介绍页面的邀请入口

第三种方法是被动建联。我们可以将联系方式放到店铺上，让达人可以联系我们。点击图 5－2－4 所示页面左边的【联系信息】，点击页面右边的【添加】就可以进入添加联系信息的页面，然后把我们的 WhatsApp 账号或邮箱地址填进去，这两个至少要填一个（图 5－2－5）。

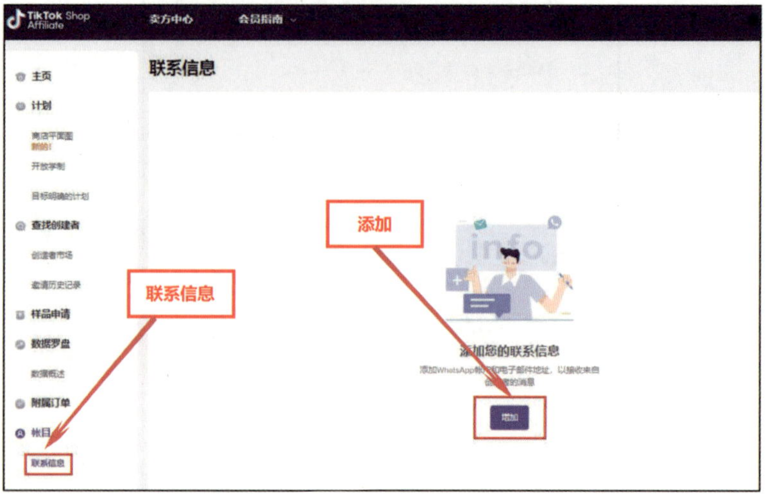

图 5－2－4　在店铺里添加店铺联系方式 a

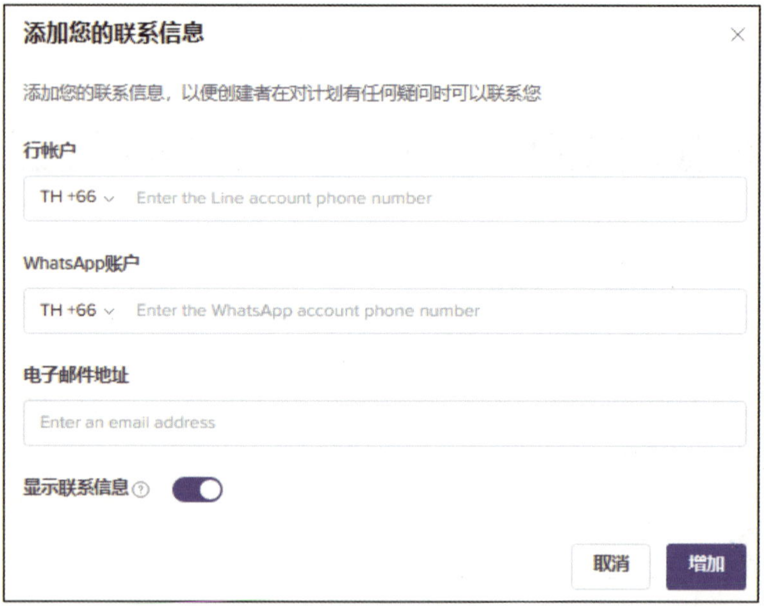

图 5－2－5　在店铺里添加店铺联系方式 b

如果达人对店铺的产品感兴趣就会直接跟我们联系，我们就可以通过 WhatsApp 或邮件直接和达人进行沟通了。

5.3 分析达人质量

在与达人建联前，我们要先对达人的账号、特点进行分析，看他是否适合我们的产品和品牌。

我们来看看如何进行分析。

首先要分析达人的几个关键指标：一是粉丝量；二是近 7 天的平均播放量，不一定要精准到 7 天，一个星期或者近期一段时间的平均播放量都比较有参考意义；三是粉丝结构，包括粉丝的年龄、性别、分布地区等；四是账号的类目和标签定位。

第一个是粉丝量。在分析粉丝量时，首先要结合类目去定位粉丝量，因为不同类目达人的粉丝量级是不同的，千万不能一概而论。比如，宠物类达人的粉丝量往往都比较大，因为喜欢宠物的人非常多，拥有百万或几百万甚至上千万粉丝的宠物达人非常多。如果是一些好物类、带货类或某垂直领域产品类的达人，其粉丝不一定非常多，但不代表他的变现能力弱，也不代表他的带货能力弱。所以一定要结合类目去判断粉丝量，可以看一下这个类目里比较优秀的达人的粉丝量大概在什么量级，然后再去找对应的达人。一般来说，达人的粉丝量越高，价格越高。有很多粉丝少的达人是愿意跟商家免费合作的，我们可以送他几件样品，他就会在他的 TikTok 账号上对我们的产品进行宣传了。

第二个是近 7 天的平均播放量。近 7 天是一个比较有参考价值的时间段。为什么要看平均播放量？有时候我们看到一个达人的粉丝量有 100 万就觉得这个达人应该很不错，但其实这些粉丝并不属于该达人。虽然他有 100 万粉丝，但他发布的视频可能大部分只有几万或十几万的播放量。有的达人确实有几十万乃至上百万的粉丝，但他的视频最近被限流了，这时去跟他进行建联合作也没有太大的价值。所以我们不能只看达人粉丝量，还要看平均播放量。另外，我们也要看一下这个达人之前的视频内容，比如看下哪几条视频播放量最高，视频内容是什么，是广告还是常规内容，内容方向与产品是否吻合等。分析近 7 天视频的平均播放量，我们基本就能预判跟他合作能够达到什么效果。

第三个粉丝结构是比较关键的指标，一般从年龄、性别及地区分布三个维度来进行分析，我们具体看下从这三个维度如何挑选达人：

（1）年龄。一般至少要 50% 以上的粉丝是成年人，因为 TikTok 上真正有购买力的用户是 25 岁以上的人群，所以至少要有 50% 以上是大于 18 岁的粉丝，这是我们能接受的最低限度。大部分粉丝都小于 18 岁的达人就不要考虑了，因为不管是消费能力还是粉丝的整体认知都不能促进带货。

事实上，在 TikTok 后台是没有办法看到年龄这个选项的。我们想要判断一个达人的粉丝大概的年龄层，可以去看他的评论区，多点开几个给他评论的用户的主页，做一个抽样调查，抽查 50 ～ 100 个就大概可以做出判断了。

（2）性别。如果我们的产品是有性别指向的，那么达人的粉丝的主要性别比例一定要大于 70% 。

假如我们卖女性睡衣，性别指向就是女性，有购买力和购买意向的客户也都是女性，那么这个达人的女性粉丝比例就要大于 70% 。假如我们的产品是汽车零配件，性别指向是男性，男性比例就要大于 70% 。

（3）地区分布，主要地区要占 20% 以上。比如，我们要做英国市场，那么达人的英国粉丝的比例要在 20% 以上，虽然达人的粉丝大多比较分散，但想要找到这样的达人还是很容易的。60% 甚至 70% 以上都是英国粉丝的达人也不在少数。

第四个是账号的类目标签。账号类目标签需要注意以下两点：

（1）注意判断是不是吸粉类账号。有的账号可能在最开始运营时做了比较好涨粉的类目，如美女类、宠物类等，等粉丝量涨起来后，发现很难变现，然后就把头像、名字、简介一换，把之前所有视频隐藏，开始不断地发如美妆类、小家电类等好物类视频，进行洗粉。如果账号有 150 万粉丝，但视频播放量却非常低，可能只有几千甚至几百，即使好一点的也只有一两万，这样的账号大概率都是吸粉类账号。

另外，进入相关账号后，可以看看下面推荐的同类型的账号，如果发现这些账号的内容和这个账号现在在发的内容天差地别，那也说明这是一个吸粉类账号。

（2）注意判断达人的特点是否适合推广我们这个类目。有些达人粉丝确实比较多，展示形式也比较好，但可能更偏向娱乐性，这就未必能给我们带来有电商属性的客户了。

5.4 建联达人话术

找到目标达人后就要跟他们联系沟通，本节就来介绍一下如何与达人建联。

建联达人的第一步是用邮箱给他发电子邮件。

建议使用两类邮箱。第一类是品牌域名邮箱，假如我们是 XX 品牌，那么域名就是@ XX. com。企业专用域名邮箱会给外界专业感，从而增强对方对我们的信任。第二类是 gmail 邮箱。不要用字符混乱的邮箱，不要包含没有意义的数字、杂乱字符或不好理解的字母等，这种一看就像诈骗邮箱。邮箱名一定要正式，我们可以把品牌名写在前面，如 XXstore@ gmail. com。

有了邮箱后，我们来看看如何写邮件。首先是邮件的标题。标题一般要包含我们的品牌名及产品名，同时还要表明寻求合作的意向，让收件人通过标题就能了解到全部的主要信息。

接下来看看如何写邮件内容。我们通过 图 5 - 4 - 1 所示的案例来拆解一下邮件内容。首先介绍一下自己叫什么名字，来自哪个公司。然后，给予对方一些赞美，明确表达希望合作的意愿，让对方感受到我们的诚意。接下来描述我们的产品，要把一些卖点或亮点凸显出来。我们还需要在邮件中列明合作方式，如免费寄样或付费合作等，可以根据实际情况进行调整。在邮件结尾签名的位置一般写上我们的名字、职位和公司名。

邮件正文	备注
Hi (Name), This is (Your name) from (Company). I have been following your channel and your video/article is professional and helpful. (先赞美对方) We're wondering if we can cooperate with you. It would be appreciated if you would review (Prouclct) on your channel/blog. (表达合作的意愿) (Product Name) (Product Link) (Product Image) (Product Features) If you are interested in it, please let us know, so that we can discuss further. Thanks for your time. (Name)	针对部分达人对产品要求特别高的情况，可以在邮件内容中添加产品的详细介绍和卖点，凸显产品相较其他同类型产品的优势。

图5-4-1 邮件建联达人

另外，在与达人建联的邮件中有两点需要注意。第一，如果有附件，附件一定不要太大，太大的附件下载时间长，对方可能没等下载完就关掉邮件了。第二，要看我们的邮件会不会被系统过滤为垃圾邮件，检查一下有没有敏感词。如果邮件被对方的邮箱系统判定为垃圾邮件放进垃圾箱，对方可能就看不到邮件，错失了双方合作的机会。有一个比较简单的方法可以确认邮件的发送情况，就是在发送邮件给对方的同时抄送给另一个我方的邮箱，若能被我方另一邮箱收到而不是被放进垃圾箱，那对方大概率也能收到。

5.5 达人合作形式及流程

与达人合作带货主要有三种形式。

第一种是免费寄样。寄样品给达人试用，争取让他主动帮我们免费带货。

第二种是付坑位费。给达人一定的费用，让达人帮我们拍一条产品相关的短视频放在他的账号里。

第三种是佣金提成。不需要付坑位费，达人直接帮带货，卖出去后给达人佣金。这种方式对商家来说比较保险。

当然，具体的合作方式是达人和商家双方谈定的。比如一些流量优质、带货能力强的达人，除了要求一定数量的免费样品外，还会要求坑位费，甚至同时还要佣金。

免费寄样的合作主要适合中小量级的达人。中小量级的达人一般定义为粉丝量 20 万以下的达人，他们大部分刚刚成长起来，没有多少商家找他们合作，但他们又想培养自己的带货能力，所以有时愿意做一些尝试，只要愿意寄样，他们就会帮着带货。

和达人合作一定要有清晰的思路和流程。那么和达人合作的整体流程是怎么样的呢?

第一步是确认推广的目的和目标。推广的目的一般有几种：①产品展示；②品牌宣传，建立市场认知；③要求达人以转化为目的进行带货。推广目的建议以品牌宣传为主，转化为辅。多数达人未必会接受明确的转化要求，因为要达到这个要求有一定的难度。确定好推广目的后，还需要确定具体的目标。确定推广目的和目标时，商家和达人之间的信息要拉齐，一定要一致。

第二步是确认视频形式。视频形式有很多种，有测评类、开箱类、合集类、Vlog 类或教程类等，可以就自己想要的视频形式和达人进行讨论。有的达人可能适合拍开箱视频，他在开箱视频的拍摄和剪辑手法上有独到之处，比如在卡点、运镜方面做得很好；有的达人自身的表现力、亲和力非常强，容易给人信任感，他可能就适合拍一些 Vlog 类、教程类视频。

第三步是确认文案。合作时通常可以在合作达人的账号上放我们的品牌 Logo 或一些文案介绍，所以跟达人确定好文案就非常重要了。其实，达人账号里有很多地方都可以植入我们的品牌，也可以在标题文案上@一下我们的官方账号，给我们的官方账号引流。

第四步是确认上线时间。比如我们把样品寄过去，达人在收到样品后几天之内要上线视频。短视频不是特别难拍，一般收到样品后 7 天内上线是比较合适的。

第五步是确认挂在达人账号主页的链接地址。争取让达人在其 TikTok 账号上挂上我们的链接，挂的时间越长越好，当然三五天也是可以的。很多达人账号里会有一个类似 link 的小工具，点进去后可以看到很多链接，让达人把我们的链接挂到那里也可以。

第六步是复盘。复盘就是对营销活动效果以及相应的达人进行评估打分，可以从两大类数据，即互动数据和交易数据进行复盘。互动数据包括视频的点赞量、评论量、转发量、平均播放时长、完播率和复播率等。交易数据包括有多少人点击了链接，有多少人点击了小黄车，有多少人最终成交等，即整个转化链路涉及的数据。

如果复盘后，此次营销的效果有一个比较高的得分，这个达人的合作效果也不错，我们就可以把他放进我们的达人选择列表中，以后有新的产品推广需求还可以找他合作。

以上就是和达人合作的整体流程。不管是以免费寄样、付坑位费，还是以佣金提成的形式和达人合作，合作流程是可以直接套用的，但如果涉及付费则会多几个步骤。最开始我们要计算跟达人合作的成本大概是怎么样的，然后打款方式、结算方式等也都需要和达人进行协商。

如何判断达人的坑位费高不高，整体的价格合不合理呢？

首先，我们要对当前整个 TikTok 达人市场的大盘有一个了解。达人市场大盘的 1 个 CPM 大约在 10 ～ 20 美元，CPM 可以理解为千次观看的成本。比如达人发的一条视频，1 000 的播放量可能要 10 美元，达到了 30 万播放量可能就是 3 000 美元，有的达人会更贵一点。如果一条视频有几十万播放量，那就要几千美元了，我们就需要衡量整体的支出和收益能不能平衡，虽然可能有了几十万的曝光量，但这个曝光量未必能转化出足够的订单利润去覆盖这个成本。

其次，不管是付坑位费还是佣金提成，或者坑位费加佣金提成的方式，我们都可以根据实际情况和达人进行协商，大部分达人更愿意以坑位费的方式合作，因为他们可以不用管最终的效果如何，先收取坑位费保证了自己的收益，有没有佣金也无所谓。但这种方式对商家是非常不利的，除非这个达人以往的带货纪录很好才会考虑用这种方式合作。当然也有一小部分达人愿意用佣金提成的方式合作，免费寄样品给达人然后给其佣金提成。

如果觉得自己找达人比较麻烦，或者觉得直接找的达人彼此没有信任基础，比如有的达人不守承诺，把样品寄过去后没有给我们拍视频，或者付钱后不理我们了，建议可以找一些专业的代运营公司，只需把诉求抛给代运营公司，由它们对接达人以及后续的环节就可以了。当然，这需要付一定的费用给代运营公司。

5.6 达人合作的坑及避坑

跟达人合作的过程中有哪些坑以及怎样避坑呢？

第一是没有预先制定明确的推广目的和目标。上一节讲的流程中，第一步就是要明确我们此次推广的目的和目标，到底是以品牌宣传为目的，还是以转化为目的，若以转化为目的，我们预计的目标大概是多少。不管有没有达到推广目的和目标，我们都要有一个比较清晰的认知，然后才可以进行复盘。如果没有事先约定好我们的推广目的和目标，达人很可能觉得达到一定的曝光量就可以了，但实际却没有什么变现或转化；或者可能给你带来了一些转化，但曝光量非常低，你会觉得这一点转化没有用，需要的是更大的品牌曝光量，让品牌能够在这个市场占领大众的认知。所以一定要预先制定明确的推广目的和目标，然后将这个推广目的和目标与最终的数据结果进行比对和复盘。注意这个推广目标尽量是可量化的。

第二是选择了粉丝群体错误的达人。前面讲到如何判断一个达人的质量及类目，可能一开始觉得只要是美妆类达人就可以了，但后来发现美妆类达人也有不同的专攻领域。虽然都是美妆类，但有的达人妆容更适合东南亚地区，更受东南亚地区粉丝欢迎，如果你要推的是欧美风格的美妆产品，就出现偏差了。所以一定要选对达人的粉丝群体。在营销过程中，并不是要营销某一种产品，而是要营销某一个目标群体，选品是在选群体，做营销也是在选目标群体。

另外，还要分析达人账号的粉丝互动率。比如某个视频有 80 万播放量，但是评论可能才 5 条、10 条或者 20 条，互动率就非常低了，很有可能要么是虚假的粉丝，要么是刷的播放量。

要避免出现这些情况，只有在选择达人之前做足功课，了解这个达人账户的历史数据，如果数据不好就把这个达人剔除。

第三是跟达人的合作条款太简单或者过于复杂。

如果合作条款太过简单，提供的内容太少，在合作的过程中，达人能够了解到的信息就非常少。和海外达人沟通本身就存在一些文化因素引起的隔阂，如果条款写得不清不楚，很有可能出现因信息不一致而导致的各种问题。

如果合作条款太细，要求太多，可能会遭到达人的拒绝。比如在条款里明确要求达人拍开箱类视频，但达人可能擅长用讲故事或教学的形式来展示产品，或者擅长通过亲和力、感染力来给产品赋能，那么合作条款写得太细就很可能限制达人的创作。

所以在和达人谈判前要先了解达人之前和其他商家合作的习惯。可以询问他之前是怎么合作的，在合作中更倾向于用什么样的形式展示，合作流程是什么等等，如果可以就调整相应的做法去配合达人的习惯，争取达成一个良好的合作。

第四是没有做复盘，或者做了复盘却不深入。有的卖家的复盘只是简单地说哪里做得好，哪里做得不好，没有去深究为什么做得好、为什么做得不好，该如何改进、可以多大程度地改进等。

所以在达人营销中，每一个项目结束后都要分析数据指标，包括曝光量、互动率，品牌的触达率、转化率等，然后根据这些指标分析原因，迭代达人和达人营销的工作内容。

第五是没有和达人建立深度的链接。跟任何一个海外达人建联都不是一件容易的事情，所以应该建立一个属于自己的达人库，每一个合作过的或者觉得还不错的达人，都可以放到合作库中，时不时跟他互动、嘘寒问暖一下，让关系更紧密一些，为下一次合作做铺垫。保持这种工作习惯，以后再进行达人营销时，可选择的达人数量就会越来越多，这样也可以提高效率和节约成本。

达人营销可能遇到很多的坑，但不管怎样，一定要实践和探索，找到最适合自己的方式、渠道和资源。当然，也可以直接找专业的代运营公司帮你与达人建联及处理后续事务，这也是一个避坑的好办法。

TikTok 直播带货攻略

6　TikTok 直播必备

6.1　开通 TikTok 直播权限

在了解直播权限之前要先明确直播权限与电商权限的区别。电商权限就是 TikTok 账号主页有产品展示橱窗，但不一定有直播权限，只是短视频可以挂购物车，观众进到账号主页，通过橱窗可以看到里面的产品并且可以购买。而有了直播权限也不一定可以在直播中挂购物车，即不一定拥有电商权限。所以如果想在 TikTok 上做直播带货，就必须同时拥有直播权限和电商权限。

电商权限比较容易获取，绑定了 TikTok Shop 小店就可以直接获得电商权限，成为达人也可以获得电商权限。

接下来主要说明获取直播权限的两种方法。

第一种，任何 TikTok 账号，不管是英国的账号还是美国的账号，或者是其他国家或地区的账号，只要账号拥有 1 000 粉丝，系统就会帮我们自动开通直播权限。这个方法一般适用于达人带货。作为一个创作者，不是商家，也没有小店，在账号拥有 1 000 粉丝后就可以带货了。

第二种，TikTok 账号直接绑定 TikTok Shop 小店，就算是零粉账号也可以获得电商权限和直播权限。

首先点开 TikTok Shop 的后台，在左边找到【我的账户】，点击后下面会出现【关联抖音账户】（这里的抖音账户指的是 TikTok 账户）的按钮，点击后在右上角就有一个【链接新抖音账户】（这里的抖音账户指的是 TikTok 账户）。需要注意的是，每半年只能绑定 10 个账户，也就是说只能换绑 10 个账户，账户名额还是比较有限的，不要随意绑定账户，只有确定这个账户可以长期运营时才绑定（图 6 - 1 - 1）。

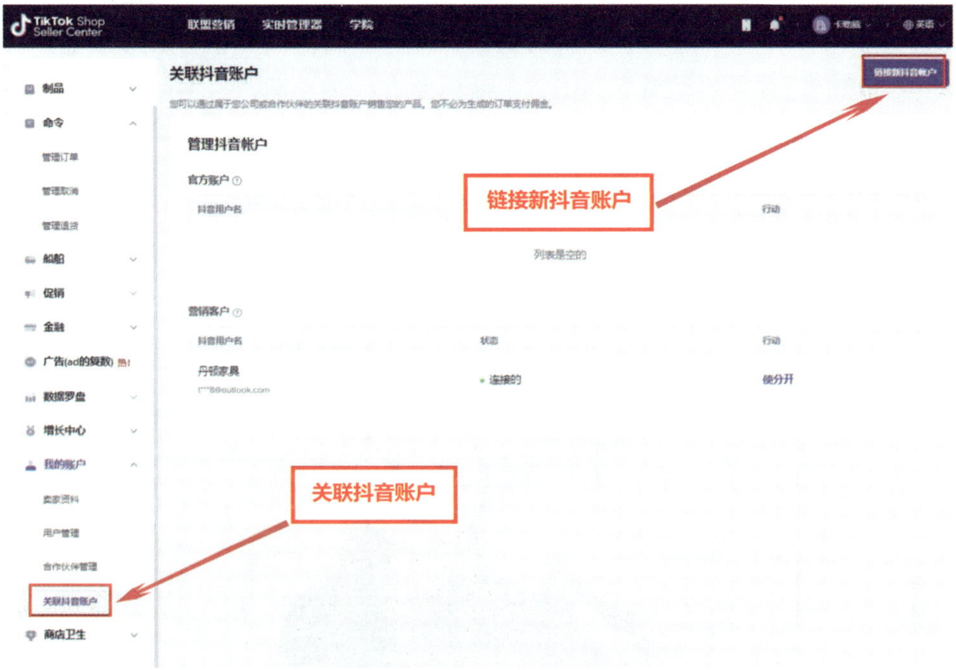

图 6-1-1　绑定 TikTok 账户操作页面

6.2　搭建直播间场景

直播间场景对直播运营有着非常重要的作用，它决定了直播间给观众留下的第一印象，也决定了直播间的特点，以及直播间传达给观众的感觉。

观众对直播间的印象很大程度决定了能否吸引观众留下来。对于新手来说，这里可能有一个误区，认为直播间一定要高大上，其实不一定，重要的是直播间的背景布置一定要结合产品特点和主播的风格来搭建。

比如卖接地气的地摊货，但是罗列得像奢侈品店一样，这就跟观众之间产生了隔阂。还不如直接在马路边摆个摊，就在街边挂着一排衣服，直接下单购买，这样更符合产品的特点。

下面看几个 TikTok 平台上比较优秀的直播间案例。

第一个是 HIGOOD 直播间，这个直播间在 TikTok 一直是非常优秀的，值得学习。

这类家居服饰的直播间，灯光一般要偏暖一些，但也要注意冷暖结合。图6-2-1所示是HIGOOD某日的直播画面，画面的冷暖和明暗搭配就非常好。直播间还有一些小细节，比如主播后面有一个小圆台，主播在展示产品的时候可以站在圆台上对产品进行全方位更细致的展示，这些小细节都可以学习。当然这个直播间的场景也有需要优化的地方，比如画面右下角有一些线比较杂乱，可以收拾一下。

图6-2-1 HIGOOD的直播间

另外，从这个画面可以看出，直播间的摄像头放在了与主播视线平齐的高度，这种情况下主播的整体身形会显得比较矮，一般建议摄像头放在主播的脖子到胸部之间的位置，这样主播身形看起来会更修长，展示效果也更好。

第二个是美国的一个卖假发的直播间（图6－2－2）。直播间背景是满满的假发，观众一进来就知道这个直播间是卖假发的，而且整个直播间给观众一种饱满的感觉。所以在布置直播间的时候，一定要让观众第一时间就能知道直播间是卖什么的，并传达出相应的感觉和氛围。

图6－2－2　卖假发的直播间

从这两个案例我们可以知道，要让观众进直播间第一眼就知道这个店铺是卖什么的，方法就是尽量在直播背景里摆更多的产品，只要看起来不杂乱，比较饱满就行。有人说，HIGOOD直播间主播只是拿着一件衣服，周围也没有摆很多衣服啊？这里的区别就是HIGOOD直播间卖的产品比较多，点开这个店铺的购物车，会发现里面有几十种产品，直播间没有办法把所有的产品都罗列出来，也没有办法只用一个明确的主题。

我们来看第三个直播间案例。这个直播间场景里有水晶、文具、美妆小样等（图6－2－3），给观众一种非常饱满的感觉，然后不断用铲子把这些小产品铲起来，装进包装袋里，给观众制造一种开盲盒的感觉。

图6－2－3　用盲盒形式卖货的直播间

从这个直播间可以看出，有时直播间未必要画质清晰、灯光明亮，也不需要追求画面唯美。这种接地气的画面反而能够给观众带来一种物美价廉的感觉。

再来看一个反面案例。这个案例是圣诞节主题的直播间，这个直播间场景看上去也挺有氛围的，但这是一个反向优化的案例（图6－2－4）。

为了让整个直播间更有圣诞节的氛围，让观众更喜欢，画面中的圣诞老人和旁边糖果棒、礼物盒等装饰画是卖家一笔一笔亲手画上去的，算是比较用心了。然而，当天开播就出问题了。这个直播间平常在展示产品的时候，镜头都是直接怼着产品拍，将产品的细节特性展示得非常饱满。优化之后，观众确实看到圣诞老人了，但却看不清产品，不知道它到底在卖什么。没有优化场景前，每一场直播同时在线人数都有 1 000 多人，优化场景后，同时在线人数降到 300 多人。

图 6－2－4　直播间特意营造的圣诞节氛围

6.3　主播、运营及其他人员配置

正式开播前，我们需要组建直播团队。团队配置 2 ～ 7 人，人员组成具体见表 6－3－1。

表 6－3－1 直播团队的人员配置

人员分类	具体职位	工作内容
总负责人	项目总监	负责店铺整体管理，包括直播、短视频等
直播	主播	主要负责直播
	场控	负责营造氛围和把握节奏
运营	运营	选品、内容策划、撰写直播脚本等
	助播	配合主播掌控直播间节奏，营造氛围
	中控	上下架产品，直播过程中做改价、讲解等操作
	店铺运营	后台客服管理、发货、售后
	拍摄剪辑	运营账号的短视频板块

并不是所有团队都适合自己开直播间，像生产型公司，之前没有直接对消费者终端销售产品的业务经验，如果想搭建自己的直播间，要补充的东西就会非常多。

有几类团队是可以打造成直播团队的。第一类是有一定跨境业务运营经验的团队，比如曾经运营过亚马逊、Facebook、Instagram 或海外社交媒体的团队。第二类是一些新品牌的直播团队，比如有些企业想基于 TikTok 打造一个海外线上品牌，刚好现在 TikTok 处于流量红利期，这个时候企业是可以努力打造属于自己的直播团队的。第三类是创业团队，这一类任何时候都可以着力培养自己的团队。第四类就是原来做国内直播，现在准备转型做海外直播的团队，这些团队的主播和场控需要更换成会说外语的。

我们具体看一下团队的人员配置和分工。

用最低配的方式去配置一个直播团队的话就是两个人，一个主播，一个运营，稍微高配一点的就加一个总负责人，也就是一个直播间有 2 ～3 人就可以了。

在最低配置下，直播部分的工作就由主播来负责，主播在直播的同时还要兼任场控，负责营造氛围并把握直播间节奏。运营负责选品、内容策划和直播脚本的撰写，在没有助播的情况下，运营还要做助播，配合主播营造直播间氛围并把控节奏，同时还要担任中控的角色，上下架产品等在电脑上操作的工作都由他负责，直播后，他还需要承担店铺客服的角色，发货、售后这些都需要他来处理。在运营直播间的同时他还需要运营短视频板块，通过短视频给直播间引流，这是短视频和直播相结合的一种模式。在直播团队只有主播和运营的情况下，运营要做的工作非常多，这对运营来说是一个挑战，一些工作未必能做到位。

随着直播间规模不断扩大，比如选品范围越来越广或出单情况更好后，就可以逐步增加人手了，但前期 2 ～7 人是可以覆盖全部直播工作的。

直播人才来源有两个——内部培养和外部招聘。

现在 TikTok 的直播人才非常少，有一些是其他相近领域转型过来的，如其他电商运营团队或国内直播人员等，现实有效的办法就是招聘和培养相结合。如果立足长远发展，可以招聘一些满足必备条件的人才，而非成熟型人才。比如，海外主播需要有流畅的外语能力，那么外语口语就是一个必备条件，招聘相应的人才进来后可以通过培训让其学习和掌握直播相关的其他知识和技能。

招聘时要重点关注面试者的学习能力。不仅与 TikTok 相关的知识体系和应用是不断更新的，其他互联网领域的知识和应用也在不断更新，想要利用互联网发展商业，必然要跟上互联网领域更新和迭代的速度。如果招聘的人有自驱力就更好了，自驱力其实是一种非常重要的一种能力，对项目负责人来说尤为重要，甚至决定着项目的成败。

对于主播来说，除了外语能力、学习能力和自驱力以外，还需要具备一定的表现力。有些人可能英语能力非常强，但却不善于沟通，在直播时容易怯场，一部分人在一段时间后会适应，但也有一部分人因性格的原因一直无法适应。

另外，主播还要能调动直播间的情绪，这就需要他先能调动自己的情绪，需要他特别热情，就算直播间没什么人也能非常兴奋地直播。

这里再强调一下主播学习能力的重要性。除了与 TikTok 和直播有关的知识技能需要学习外，还需要学习各个行业、各种产品的相关知识。可能主播每天播的产品都不同，而且还特别多，这就需要他能在短时间内了解和掌握产品知识，包括产品的基本特性、卖点、正确的使用方法等。只有充分了解产品，才能专业地展示和讲解，这是一个优秀主播的基本素养。

除了主播，运营也是一个非常关键的岗位，运营支撑着整个直播间的运行，镜头之后的工作基本都可以纳入运营的范畴。运营最核心的能力是统筹，特别是在团队慢慢壮大，比如达到 7 ～ 8 人后，统筹能力的重要性就更加明显了。除了人之外，还要统筹选品、统筹产品，包括对供应链的把控等；还要负责每一场直播、每一条视频的脚本设计和撰写；最后还要统筹把控流量，比如争取免费流量，购买流量，甚至还要运营私域流量等。由此可见，运营的工作十分繁杂，而且非常重要，运营可以理解为导演的角色。直播间的工作对运营的挑战是极大的，在招聘和选人的时候需要加倍重视。

6.4 TikTok 直播黄金时段

TikTok 的黄金直播时段要根据具体的目标市场来定。

首先看一下英国市场，主要直播时间是英国当地时间的下午 4 点到次日凌晨 1 点 。这个时段跟中国人平常刷短视频的时段差不多，是当地的受众下班后到休息结束的时段，流量在这个时段也是最大的，所以我们基本上就选这个时段直播。对应的中国时间是晚上 11 点到次日早上 7 点，所以英国直播时段和中国是倒过来的，会比较辛苦。这同时也是一个门槛，吃得了苦的人才能获得这个宝贵的机会。

直播的时长一般是 4 个小时，可以把整个时段分成几个小时段，比如中国时间的晚上 11 点到凌晨 3 点可以作为一个小时段，半夜 1 点到凌晨 5 点作为一个小时段，凌晨 3 点到早上的 7 点也可以作为一个小时段。当然并非一定要严格按照这种分段来进行直播，只要在整个大的时段内灵活安排就可以。事实上，开播前需要几个小时为直播做准备，不管怎样灵活安排，日常的工作时长都在 8 个小时上下甚至更长。

有些人会想是不是需要避开开播的高峰期，避免抢流量？现阶段不必这么考虑，因为 TikTok 直播市场远未成熟。虽然在中国任何一个时间段直播都有非常大的流量，但目前英国市场还不成熟，这个时候我们只能在流量高峰时段直播。根据之前测试的结果，流量最高峰的时段是凌晨，在这个时段直播是最好的。这对国内所有的直播团队都是极具挑战的。有一种时间安排可以考虑，可以在凌晨 3 点到早上 7 点这个时段直播，每天晚上 9 点睡觉，凌晨3点起床，早睡早起，这个作息时间也是非常养生的。基于此，相应的准备工作就需要在白天或睡觉前完成，就是把开播前的准备工作和直播工作分别放在睡觉前和醒来后这两个时间段进行。

因为美国时区跨度非常大，如果对美国市场进行直播的话选择会更多一些。

从以往的成交数据来看，美国订单量爆发的时段基本都是中国的凌晨0点到中午12点。因为看起来也是作息颠倒的，很多卖家觉得还是要熬夜。但因为它的时间跨度大了很多，我们可以选择在早上6点到中午12点的时间段内开播，准备工作在前一天睡觉前完成就可以，这就较为契合中国的作息时间了。

如果想覆盖英美两个市场，综合考虑英国和美国的直播时段及中国的作息时间，凌晨4点到中午12点是比较好的时段，跨度8个小时，在这个时段灵活安排就可以了。

6.5 直播间硬件设备配置

根据需要的效果，直播间的设备可以渐次升级，大概有三个版本，暂定为初级版、中级版和高级版。

三个版本的主要差别是直播设备，我们分别看一下各自的配置。

先看下初级版的配置（表6－5－1）。

表6－5－1 初级版直播间硬件设备配置

设备	数量
直播设备：iPhoneX及以上	1
运营手机：iPhone7及以上	1
主灯	1
补光灯	2
通用落地支架	1
万向夹子支架	1

（续表）

设备	数量
直播大屏	1
蓝牙音箱	1

初级版的直播设备建议直接用手机，但有一点要求，如果是苹果手机，一定要 iPhoneX 及以上的型号，如果低于 iPhoneX，直播效果会不好，或手机发热明显，甚至出现其他各种各样的问题。iPhoneX 是最低可用的标准。当然，iPhone11 以上会更好。

运营手机选择 iPhone7 及以上的型号就可以了。剩下的就是直播间的一些常用设备，如灯光设备要一个主灯、两个补光灯，还需要支架、直播大屏、蓝牙音箱等。直播大屏可以让主播看到实时直播画面。一般把手机直播画面直接投影到大屏上，主播和运营通过大屏可以实时了解直播效果和状况，及时调整直播间氛围。

再看下中级版的直播配置（表 6－5－2）。

相对初级版，中级版升级的第一个设备是直播设备，把手机摄像头换成了入门级专业直播设备——罗技 1000e，如果我们用这种摄像头做直播，就要用电脑推流，因此我们还需要一台直播推流的电脑。电脑的配置不能太低，否则解析出来的内容不清晰，或者推流时会卡顿。

运营手机、灯光设备跟初级版一样也可以，另外还需要加一个领麦。我们用电脑推流的话，即所谓 obs 推流，就需要用到网络专线，网络专线的带宽不能太低，建议 6 兆及以上，如果比 6 兆还低的话，推流时直播间一定会卡顿。网络专线可以找三大运营商的服务商搭建，架设能够直接推海外的专线。国内直播专线没有办法直接推流到海外，因为 TikTok 的 IP 端服务器在海外。

表6－5－2 中级版直播间设备配置

设备	数量	设备	数量
直播设备：罗技1000e	1	万向夹子支架	1
运营手机：iPhone7及以上	1	直播大屏	1
主灯	1	蓝牙音箱	1
补光灯	1	直播推流电脑	1
领麦	1	网络专线（带宽6M及以上）	1
通用落地支架	1	背景绿幕	1

最后看下高级版的直播配置（表6－5－3）。

直播设备升级为索尼高清摄像机；灯光也加强了，建议主灯至少200瓦，补光灯至少150瓦。此外，还增加了柔光箱、美颜灯圈、采集卡等。采集卡将摄像机的内容上传到电脑，然后再通过推流的电脑将画面推到TikTok的服务器。因为索尼摄像机拍出来的内容更高清，所以对网络专线的带宽要求会更高，需要10兆及以上，才能更好地将索尼摄像机的高清画面质输送到终端。麦克风可以升级为枪麦，收音效果会更好。麦克风线、HDMI线、直播大屏、蓝牙音箱等设备选择常规的就可以了。

表6－5－3 高级版直播间设备配置

设备	数量	设备	数量
直播设备：索尼高清摄像机	1	直播推流电脑	1
运营手机：iPhone7及以上	1	网络专线（带宽10M及以上）	1
主灯（200瓦）	1	绿幕背景	1
补光灯（150瓦）	2	枪麦	1
柔光箱	2	麦克风线	1
美颜圈灯	1	HDMI线	4
镜头三脚架	1	万向夹子支架（运营机）	1
采集卡	1	直播大屏	1
相机电源适配器	1	蓝牙音箱	1

刚开始做 TikTok 直播时不需要追求高级版的配置，就算是真人出镜的直播间，用手机也一样能播。所以可以先用初级版的直播设备把整个直播链路打通，然后再渐次升级，不需要一步到位。

7 TikTok 主播必备

7.1 TikTok 主播技巧

直播电商是在中国逐步发展和成熟起来的，已经形成了相对成熟的体系和模式，所以在做国外直播时，我们也可以参考国内直播的模式。在“头号系列”另一本书《头号主播》中有完整且深入的介绍，如果想在 TikTok 直播领域深入发展，建议可以同时看《头号主播》这本书。

接下来分享一些直播间的直播技巧。

在直播间引导分享的技巧和短视频引导点赞评论关注有一点类似，主要通过给观众发放一些实惠来推动，比如，在直播间引导分享的时候可以跟观众说分享后可以获得一份小礼物。这种技巧也可以用于逼单，比如告诉观众此时下单并分享的话，还可以额外获得一份小礼物等。

送东西要给一个理由，分享了就有理由送给他了，就有了让他行动的理由。如果通过引导能让他下单，那就既把直播间分享了出去，又获得了订单，达到了双重效果。

逼单就是促转化促成交，可以通过一些话术技巧以及助播的配合达到。进行到逼单环节时，主播可以问助播：“这款产品还剩下多少个?”助播说：“还剩下最后 30 个。”主播说：“今天能不能再多上一点，有很多粉丝想要买这个东西。”然后助播说：“不行，我们马上就要卖光了，只有最后 30 个了!”然后主播说：“好吧，我们直播间的小伙伴赶紧抢，在左下角的小黄车里面就能找到产品链接，赶紧点吧，今天的价格最优惠!”等等。在引导成交或引导观众点击的过程中，一定要记得主播要配合手势来告诉观众应该怎么做，比如用手指着说“点击我们屏幕左下方的小黄车，点击之后可以下单购买”等，给观众一种非常明确的指示，引导他完成操作。

销售话术有一个基本要求，就是给观众一种主播是站在他们的立场，为他们说话、为他们争取利益的感觉。虽然观众深入思考一下就知道不太可能，但把感觉传递出来了还是能获得观众信任的。

关于销售话术有几点需要强调。

第一，在此之前也强调过，就是主播一定要非常了解产品，并且发自内心地喜爱。为什么李佳琦能把美妆卖得这么好？因为他真的喜欢这个东西，是发自内心的喜爱，所以他能把这些东西讲得非常好，而且给观众推荐得非常到位。

第二，主播的话术一定要专业，而且要易懂。千万不要讲得高深莫测、难以理解，如果观众听不懂，就更不可能被打动。做到深入浅出，专业且简单易懂，就能捕获观众的心。

第三，介绍产品的话术中有一个重点，就是要充分介绍产品的卖点。确定卖点描述是开播前必须完成的工作之一，由团队成员共同挖掘提炼确定，而且要把确定的卖点放进直播脚本中。

如果卖假发，我们看下能提炼什么卖点。假发材质有真人发丝、高温丝和化纤丝，如果卖的是真人发丝，就可以打真发品质这个卖点。如果假发工艺好，造型很逼真，那就提炼工艺这个卖点。如果染料颜色独特，在其他地方很难找到这种染料，甚至去理发店都调不出这种颜色，那就主打颜色独特这个卖点。

提炼的卖点要差异化，能做到独特更好。独特的意思是只有我们的产品有，其他同类产品都没有。如果实在很难提炼出这种卖点，那就打性价比。

继续以假发为例。如果卖的是高温丝，质量比不上真人发丝，但它同样可以烫，可以拉直，只是不能染。话术上可以强调高温丝产品也非常不错，价格又没那么贵等，这里就是打性价比的话术。如果卖的是化纤丝，确实非常便宜，便宜就是超高的性价比。如果并不是每天都戴出去，或者只是在某个场合作为装饰就可以了，引导话术就可以说这里用非常便宜的价格就能买到一顶假发等。超高性价比也是产品的一个卖点。

如果产品性价比也一般，也可以用赠品的模式。

比如在直播间放一些赠品，赠品的话术大概是强调赠品是非卖品，从来不上架，想买都买不到。让观众觉得这个产品很超值，甚至可能不是因为真的想买产品，而是想得到赠品才买的产品。

直播时除了用销售话术外，主播还可以用一些小活动、小游戏来推动销售，比较常用的是抽奖活动（图 7－1－1）。

图 7－1－1　直播间的各种小活动

抽奖活动一般是为了提高互动率，提升直播间的热度，更好地逼单转化。

活动的规则要简单。观众进来以后，没有耐心了解复杂的东西，如果规则太复杂，观众很可能就离开了。主播只需一两句话描述一下抽奖规则就可以了，比如说：“现在大家把名字打到公屏上，我随便截个图，排在第一位的就是我们的获奖者。”这种就很简单，就可以有效提升互动率。

抽奖活动的大概流程是这样的。首先，主播说明规则并启动活动；然后让观众刷屏，随便刷什么，打个数字如 2 或发个名字都行，要让观众有互动，这是核心；在互动时段中，还可以通过设置倒计时的方法加强和延长与观众的互动，让直播间的氛围变得更加火热。新进来的观众看到这个直播间氛围这么火热，也更容易融入。倒计时要给观众制造一种悬念，但也不要设计得太长，观众耐心的临界点大概是 10～15 秒。揭晓的时候一定要有悬念，不要直接宣布，比如先让观众猜一猜奖品是什么等。在公布获奖者后，可以设计一些话术来拉升气氛，比如说“我们一起来恭喜这位获奖者”，并引导大家把“Congratulations”之类的话打在公屏上，要让获奖人觉得获得这份奖品是难得的，并且非常荣耀。活动的最后，要让没有获奖的人也参与进来，这时可以说“下一次说不定就是你”之类的话。

做活动的最终目的是给直播间创造转化的机会。活动结束后，获奖的观众可以联系直播间的后台客服，领取奖品。但领取奖品前必须要观众成为客户，才能把奖品送给他。比如可以说，只有观众下单之后，后台才能看到他的物流信息，然后才能将奖品包括产品寄给他。

可以用各种各样的话术引导观众下单，特别是获得礼物的观众，他的下单意愿更强。获得奖品的观众有错失焦虑，好不容易抽中一个奖，本来是非常幸运的一件事，如果因为没有下单而得不到奖品，这种失去的感觉比没有中奖要难受好几倍。

最后是感谢话术。主播要时时刻刻让直播间保持非常好的氛围，要让观众觉得他对我们的支持我们是看得见的。不管他是下单、点赞还是互动，只要他跟我们互动我们就要及时感谢他，一定要让感谢无处不在。经常说“Thank you for your supporting”等等，直播间的观众就会觉得这个主播非常平易近人，然后怀有感恩之心。主播一定要把感谢话术深深地刻在脑海中，做到下意识地感谢，只要看到观众做了对直播间有益的事情就要马上感谢（图 7 – 1 – 2）。

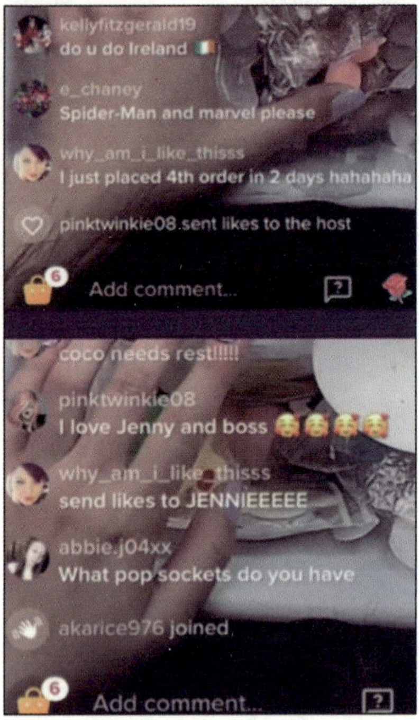

图 7 – 1 – 2　直播间观众给主播点赞

7.2　TikTok 主播话术

TikTok 直播间主播话术的设计一定要站在观众的立场，在和观众沟通时，要让他感觉作为主播的我们是站在他这一边的，这样才能拉近跟他的距离，让他产生信任感，推动他下单。

主播话术设计要做到以下几点：

第一，要让观众有参与感。要有参与感就要有互动。同样，观众的信任感是直播间转化率高的基础，要让观众产生信任感，也要靠互动来推动。

第二，要让观众感到被重视。有时候观众提出一些小要求，主播可以适当满足，但也需要把握度。虽不能被观众牵着鼻子走，但也要让他感受到主播是真正为他考虑的。他的建议、意见是会被我们采纳的，他的一些需求是可以被满足的。

第三，要让观众感觉直播间的一切都是利于观众的，不管是价格还是产品。

第四，要让观众感受到主播和他是站在同一阵营的。很多主播习惯于把自己当成一个销售员，当主播把自己当成销售员时，主播和观众之间就会有隔阂，观众会觉得主播最终只是想把产品卖给他而已。主播要做到的是让观众觉得主播是帮他推荐一些物美价廉的好产品，是站在他的角度、他的立场的。有的直播间给人的感觉就是物美价廉，在直播间买东西不会吃亏，主播是完全站在观众的阵营的。观众想买什么，主播就帮着找货，然后推荐给观众。

始终站在观众的立场设计话术，才能够赢得观众的信任，才能打造一个吸引观众的直播间。

我们来看看具体的话术设计。

第一是欢迎话术。直播间的每一分钟都是开场，如图 7－2－1 所示，会发现随便点击任何一个点都有实时进入和离开的人，就是说我们的直播间每一分每一秒其实都有新观众进入。假如我们直播间的轮转周期比较长，刚开播的时候欢迎一波人，一分钟后又进来一波人，一分钟后进来的人就没有感受到我们热情的欢迎话术，也没有感受到我们的重视。所以要记得直播间每一分钟都是开场，欢迎话术一直要进行轮转，时不时就要欢迎一下新进来的观众。

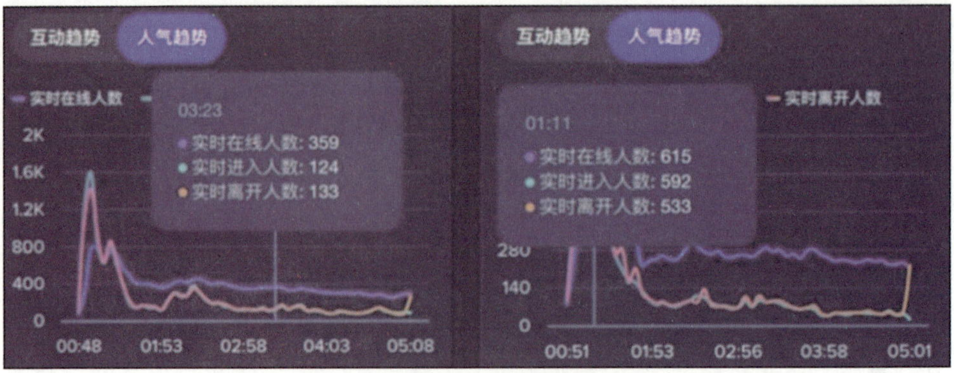

图 7－2－1　某直播间的后台数据

事实上，除了欢迎话术外，其他话术也需要在一个比较短的周期内进行轮转。有的 2～3 分钟重复一次，有的 4～5 分钟，如果是一个主推产品的活动单元，可能在 15～20 分钟。

图 7－2－2 所示的案例也是一个比较好的提示方式。我们可以把欢迎话术显示在大屏上，只要有观众进来，大屏上就会显示这个观众的名字。

图 7－2－2　将新进来直播间的观众信息展示在大屏上

表示欢迎后可以给观众一个开放性问题，或者跟他讲两句话引发互动，也可以引导他点赞或评论等。只在观众进来后欢迎一下是不够的，要持续地吸引观众的注意力。

一定要让欢迎话术变成肌肉记忆，将话术变成规律性语言。这里给了一些欢迎话术的例子，大家可以学起来。

欢迎话术

Welcome to my livestream, bargain today!

Hi new friends, 60% off today, very good price!

Hi my dear new friends, how are you guys?

Oh, many new friends are coming, follow me to get more freebies!

New friends! Don't forget to follow me so that you can find me again!

Welcome new guys! Just tell me anything you like and I'll show you close up.

第二是互动话术。互动对直播间非常重要，如果没有互动，就和电视购物无异，也就无法引导观众的情绪并最终催化高效转化。这也是为什么直播电商又叫互动电商。

互动主要有三个目的：①增强观众的信任感和参与感，为最后的转化下单打下基础。②制造直播间火热的卖场氛围。让直播间现场非常火热，观众觉得这是一个非常大的卖场，就会更愿意互动，更多互动就会有更多人加入。③让直播间产生更多的有效互动数据，增加直播间的权重。除打赏、成交等交易数据会增加直播间的权重外，点赞、关注、评论、分享、停留时长等互动数据也会增加直播间权重。如果我们的互动数据比较好，系统会觉得这是一个比较优秀的直播间，就会给我们推荐更多的流量。

有几种方式引发互动，比如发问引导评论，念评论或回复评论，偏向性评论互动等。下面我们看下这三种互动方式的具体做法。

第一种是发问引导评论。一个观众进来直播间，刚开始我们可能不知道跟他聊什么，他也不知道能跟我们聊什么，这个时候我们就可以通过发问来引导评论，比如他来自哪里、他那儿现在几点等。通过这些信息可以收集到直播间的观众都是什么地区、哪个年龄段的人。可以跟观众说：“我们现在这里是几点，你那里是几点？”甚至可以直接跟他说我们是中国的卖家，这样他也愿意跟我们互动。所以我们要给他一个互动的理由。引导后观众们可能自己就聊起来，他们也会找到想要聊的人（图7-2-3）。

图7-2-3 发问引导评论

第二种是念评论或回复评论。当我们念某个观众的评论或回复他的评论时，他会觉得被主播重视了，主播是看得到他的。同时，念评论也给了我们思考的时间。有时，观众问了一个问题，我们可能一下子不知道怎么回答，或者我们没有太理解他的意思，念一遍评论，我们就有时间去思考怎么回答，也会让整个直播变得非常流畅。千万不要默念，观众是听不到的，观众在听不到的情况下，会觉得直播间怎么没声音了，或者感觉主播在喃喃自语，这样的体验是很不好的，所以要清楚地念出观众的名字以及他的评论（图7-2-4）。

第三种是偏向性评论互动。直播间一般都是有指向性的，比如指向英国的观众。假如经常有印尼、马来西亚、泰国等国家的观众进来，但我们又没有办法卖给他们产品，这时可以减少跟他们的互动，他们就会觉得这个直播

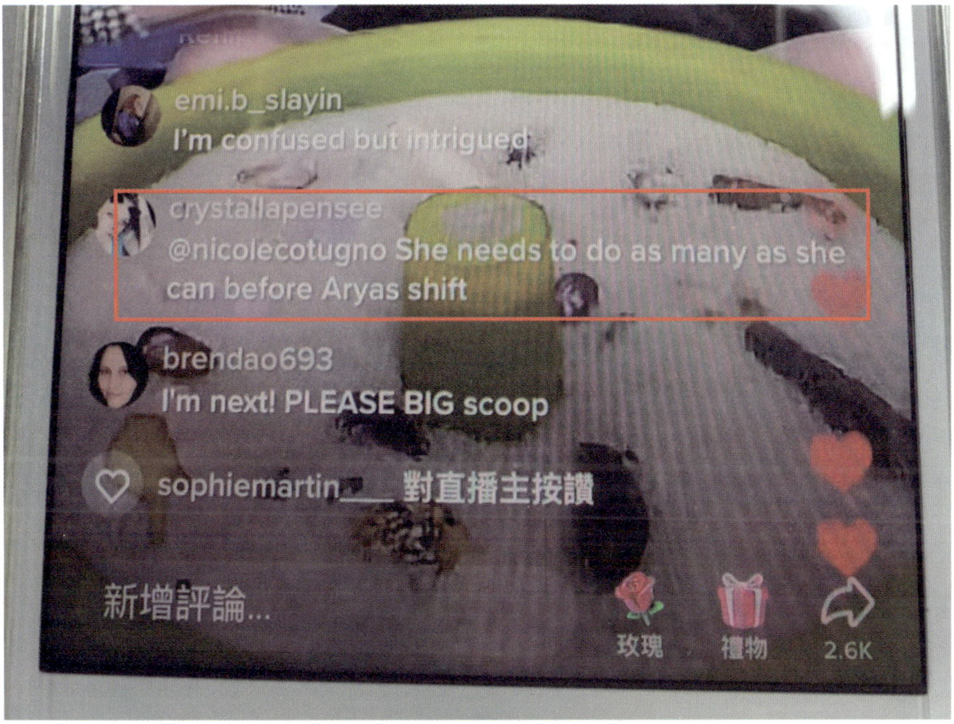

图 7－2－4　念评论或回复评论引导互动

间好像不是那么欢迎他们，对这个直播间也就没有那么感兴趣了，他们可能就走了，直播间的流量也会变得更加精准。

当然 TikTok 后续也会推出东南亚和英国的融合店铺，那时就可以一店卖全球了，但就算一店卖全球，建议也要确定几个主要市场。直播间主要是想卖给英国的观众，还是美国的，还是英美的都卖，或是想卖给东南亚的，想卖给哪个国家的观众就偏向性地跟这个国家的观众多互动一下。不希望让某个国家或地区的观众参与，可以跟他们说，“不好意思，我们的直播间没有办法将产品卖给你，没有办法将产品送到你那里”，给他们一些消极的回复。

接下来我们来看看如何在互动中引导观众关注直播间。

引导关注时，话术和手势要相互结合，主播在说“欢迎大家关注我的直播间，点击左上角头像旁边的小加号就能关注我，点一下 blog 就能关注我”的时候，手势要跟上，一定要指到屏幕的左上角（图 7－2－5）。

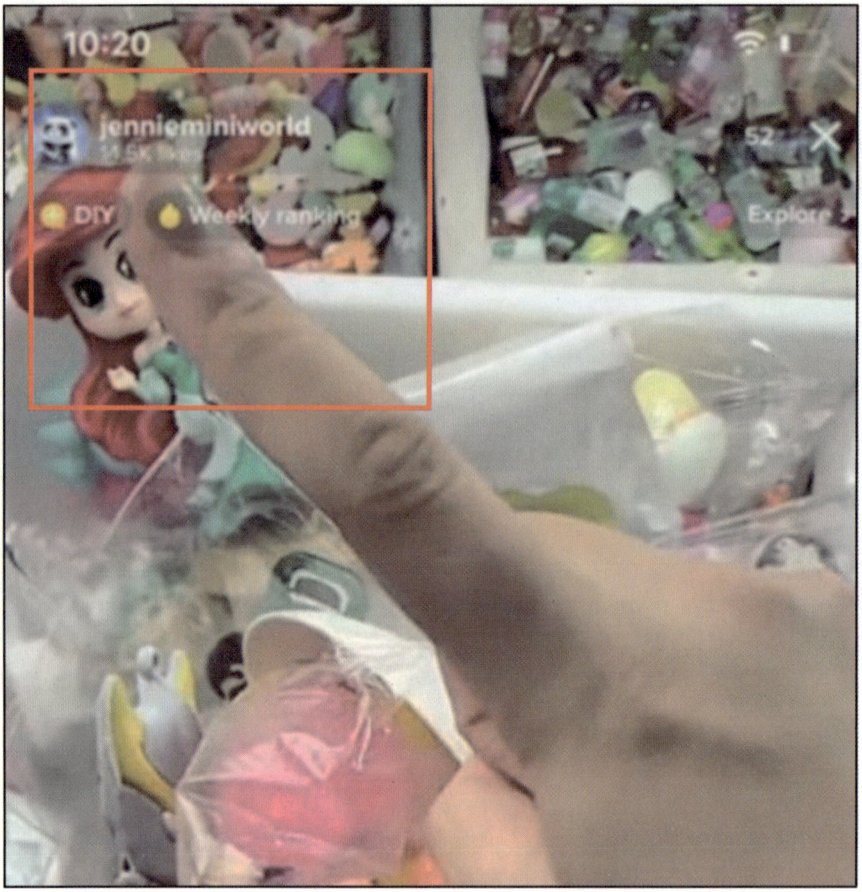

图7-2-5 语言加手势引导关注

引导关注的话术也有几个小技巧。

第一个是使用附加价值。可以说："假如你关注了我，我今天就给你发货！""早关注早发货！""你今天关注了，我会给你更多礼物！""我会给关注了我的家人们更多的礼物！"

第二个可以利用错失引发焦虑的心理来引导关注，比如可以说："如果不关注我，下次就找不到我了。"

第三个可以引导共情。前面提到主播一定要给观众一种"我们是同一阵营"的感觉，我们可以利用这一点引导共情。可以说："我老板让我今天一定要增加500个粉丝，能不能帮帮我？"也可以直接在直播间求关注或点赞，其实观众都很乐意给我们一些“帮助”。

接下来就是如何用互动引导点赞（图7－2－6）。这里有两个小技巧：一是用玩游戏的方式引导点赞，比如点赞到多少就给大家抽奖送礼物等。二是直接用话术加手势来引导点赞。比如可以直接跟观众说：“我想要3万点赞，大家可以帮帮我吗?”要传递一种和观众非常亲密的感觉。

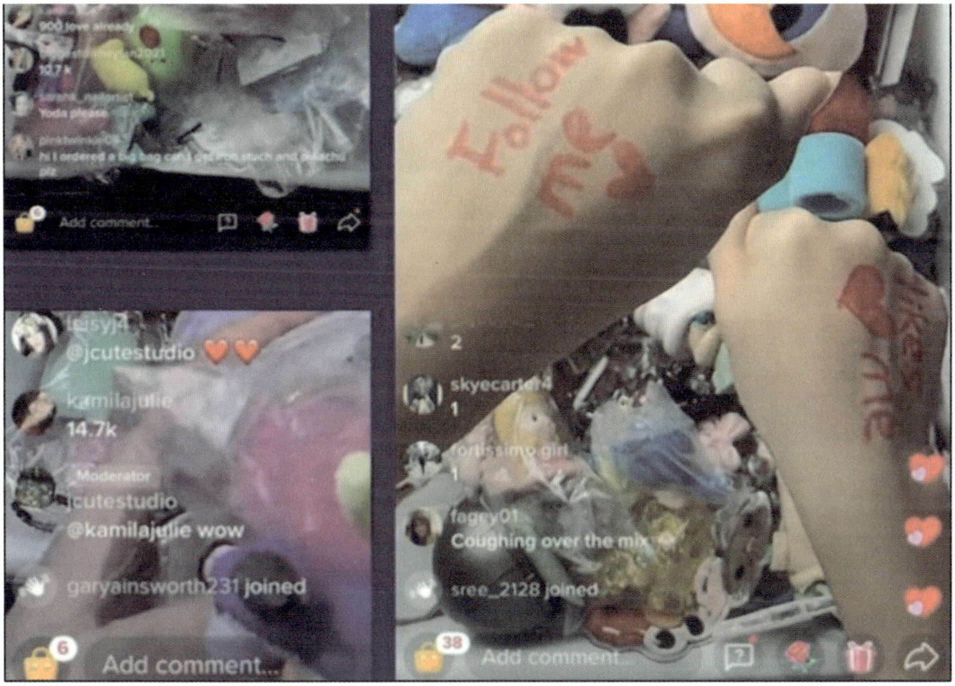

图7－2－6　在互动中引导点赞

互动引导点赞的话术大家可以学起来。

> 互动引导点赞的话术
>
> *I want 100k likes, could you guys help me to get it?Please.*
>
> *More likes so that I get more viewers, help me please.*
>
> *More likes so that I can keep offering the best price for you guys.*
>
> *Don't forget tapping screen and sending me likes!*

7.3 TikTok 直播禁忌及状况处理技巧

TikTok 直播间有四个一定不能出现的问题需要规避。

第一，英文直播间千万不能说中文。即使是少量的中文句子或词汇也可能被打上英文不流利的标签。这种标签可能会导致被限流，直播间前途就堪忧了。

第二，主播不能长时间不说话，这个长时间是三秒。如果主播有三秒以上没有说话，直播间就会处于静默期。平常我们不觉得三秒有多长，但在直播间的氛围下，如果三秒没说话，就会非常奇怪，非常安静，氛围一下子就会冷下来。在直播间，主播一定要不断跟观众进行交流，不停地说。

第三，不要引流到站外。TikTok 平台对引流到站外的管控非常严格。有些卖家没办法把一些产品上架到小店或小黄车，就想引流到自己的独立站，这就属于引流到 TikTok 平台之外了。TikTok 平台很忌讳将流量从直播间引到站外。如果经常往站外引流，处罚轻的可能给一个警示，说你违规了，不能引流；严重的可能直接让直播间断播，或者下架直播间的所有产品；再严重点可能直接封号或者后台直接限流。

第四，千万不要卖侵权产品。TikTok 平台对侵权产品的管制非常严格，擦边球、仿牌的产品都不要卖。国外的电商环境或网络环境对侵权产品的管制都很严格，习惯国内电商环境思维的都需要注意这一点。

接下来介绍一些在直播间出现状况时的处理技巧。

（1）当直播间出现负面评论时怎么办？观众在直播间发表负面评论甚至刻意恶评，比如说某某是骗子或某某东西不好，这种我们可以直接正面回应。比如这么说，“我们的直播间童叟无欺！”“不是骗子！”“很多客户在我们这里买了东西并且都已经收到了！”“我们的东西很多人都很喜欢！”等。直播间里也有其他粉丝观众，可以引导直播间的忠粉、正面的粉丝帮着回应。如果正面回应无效，对方显然就是无理取闹，那就由运营人员直接将其禁言。

（2）当直播间遇到客户投诉时怎么办？在我们服务过程中确实会出现一些问题，比如客户没有收到产品，发错产品、发少产品等。如果客户在直播间说的是诸如此类的问题，我们要引导他去给客服留言，不要在直播间讨论这些问题。不管什么问题总会给人留下不好的印象，我们可以用真诚的态度说“我们客服一定能帮你解决”之类的话，引导他跟后台的客服进行沟通。

（3）直播时翻车或出错怎么办？比如在直播间打包的时候，客户要粉色的，你不小心打包了蓝色的，这时客户就说“我是要粉色的，你装错了”，甚至还会有其他观众帮着说“他要的是粉色不是蓝色，你搞错了”之类的话。或者出现弄错价格、发少产品、送少赠品等问题时，我们要真诚地跟观众表达歉意，这样还能拉近跟观众的距离。

事实上，因出错翻车跟观众道歉也是一种互动。只要问题与产品质量无关，或无关声誉和信任就没关系，有时在直播间出现的人为的出错或翻车，反而可以用来提升直播间热度。也就是说，可以偶尔刻意翻车或犯错，当然这些错是可以即时改正的，比如在展示产品时刻意翻车。假设直播间卖防水蓝牙音响，展示时拿一盆水过来，把音响丢进去后音响坏了，翻车后互动率会开始飙升，然后主播就可以说拿错了，拿了其他品牌的音箱，最后再拿直播间真正要卖的音响做测试。或者刻意弄错客户的订单，但发出去的时候一定要是对的。

刻意犯错利用了人爱看热闹甚至幸灾乐祸的心理，但不能常用，常用就会失去效果，还会被认为是玩套路、不诚实。所以，刻意犯错只能偶尔为之。

（4）直播间产生冲突时怎么办？有一个这样的案例，直播间里整个屏幕上都是黑粉在带节奏，都是“这是骗子！”“大家千万不要买！”之类的评论，然后主播就开始哭，说“你们为什么这样子！”“我不是骗子，我只是在卖货。”“我就只想把我们很好的产品卖给大家，你为什么要这样？”之类的话。直播间里看热闹的人越来越多，那场直播在没有这段内容之前同时在线人数只有 500～600 人，在她哭的过程中直播间人数飙升到了 1 000 人左右。

观众可以分为三种，一种是黑你的，一种是粉丝，还有一种是看热闹的。在这里我们要利用看热闹的观众来推动直播间的热度，可以刻意制造一些小冲突，比如假装生气，和某位观众吵架、装哭，当然千万不要吵太久，象征性地跟他吵两句。如果直播间有一些黑粉开始带节奏说这个主播是个骗子，主播卖的产品不怎么样之类的话，主播就可以在这个时候装哭，引发观众的共情，提升直播间热度。接下来直播间会有一些粉丝，特别是买过直播间产品的粉丝站出来帮你说话。这同时也是给观众传达一个信息，这个主播非常的真实。

吵架制造冲突是为了激发整个直播间的热度，但也不能经常使用这个技巧，经常使用观众就免疫了，偶尔用一次观众会觉得主播很真实。

7.4 TikTok 直播间节奏的选择

直播间的节奏一直都是非常重要的，好的节奏能带动观众的情绪升级转化，最终决定着直播间转化量的大小。直播间节奏是按照直播脚本走的，在实施的过程中，主播起着关键的作用，当然有专门的场控人员参与效果会更好。

情绪的带动催化是需要一定数量的人参与的。所以当直播间人数少、热度不足时就未必要按照脚本走了。比如同时在线人数少于 30 人，互动也比较少时，主播要做的就是刺激观众互动，提升热度，吸引更多的观众留在直播间。可以适当顺应观众的一些要求，增强观众的参与感，比如可以让观众以点单的形式在评论区说出他感兴趣的产品，主播则可以有针对性地对产品进行展示，即使是刚刚介绍过该产品，在直播间人数比较少的情况下，也可以满足观众的要求再展示一遍。

人数足够，热度也有了，屏幕上在疯狂刷屏，互动也很多，此时就可以按脚本走，切换到脚本所确定的节奏中。主播要主动进行切换，在切换的过程中，有些观众仍会提出一些要求，此时要以其他理由回绝，比如时间不够等。要让观众跟着主播的节奏，而不是被观众打乱节奏。如果节奏被打乱，直播间从引流到介绍产品，再到最后销售的整个流程都会被打乱，最后导致转化量大大下降。

7.5 TikTok 主播必备的能力素质

第一，主播需要具备的最基础的能力就是能讲一口流利的英语或精通其他目标市场的语言，主播能用外语和当地人进行无障碍交流。如果主播的外语不太好，没有相应的交流能力，那是不是可以先把直播时要说的话写下来，然后直播时照着念呢？这样做也并非不可以，但效果就接近电视购物，没有办法流畅地和观众进行互动，直播间的整体氛围也比较差。通过互动去带节奏、推动观众的情绪也就无从谈起了。

第二，有自信、有表现力。在直播间，主播就是一名销售员，一定要敢于推销产品，在镜头前要具备表现力。招聘主播时，要找性格开朗、活泼、外向的，比如孔雀型的，喜欢展现自己、说个不停的人。

除此之外，主播还要具备一些其他的素质。

首先要有节奏感，能掌控整个流程的节奏。如果缺失节奏感的话，在直播间人数非常多的时候，就容易被观众带偏，达不到整个直播的营销目的了；或者直播间人数太少，没有人互动时也不知道讲什么，这也是节奏感缺失的表现。优秀的主播，就算直播间只有 10 个甚至 2 个人，也能播出有 1 000 个人的效果，即使没有多少人也不会尴尬，不会被直播间的滚屏所影响，一直有着自己的节奏。

其次要有共情力，能够站在观众的角度去思考问题，感受观众的情绪，从而感染观众，让其跟随自己的节奏。

然后要有表演力或表演欲望。作为主播一定要有表演力，能进行表演性的情绪表达，包括语言肢体。好的表演才具有感染力，才能带动观众的情绪。

最后要有学习能力。学习能力对主播来说非常重要。主播除了要掌握平台知识、直播技能，了解市场受众人群特性外，还要掌握直播间各种不同的、类目繁多的产品知识，这些都需要主播有很强的学习能力。优秀的主播往往学习能力也是非常强的。

如果能够具备以上这些能力素质，就具备成长为一名优秀主播的潜力了，剩下的就交给时间。在成长过程中，主播要强化各个方面的学习，要多直播，而且要多播不同类目的产品。

8 TikTok 直播攻略

8.1 TikTok 直播间流量机制

要获取流量，我们首先要清楚 TikTok 直播间的流量推荐机制，并明白它与哪些因素有关。

先来了解下 TikTok 直播间的流量推荐机制或者说流量分发机制，这个机制跟短视频号的粉丝流量没有直接关系。

很多卖家会有一个误区，以为做直播前应该先发一些短视频，然后等账号积累一定粉丝量如 1 万、10 万后再开始直播，事实上并不需要这么做。

关于直播间的流量推荐机制，我们需要知道三点：

（1）TikTok 直播间的流量推荐和短视频的流量推荐是完全分开的，它们没有任何联系，并不会因为短视频流量非常大直播间流量就很大。当然，通过短视频确实可以给直播间引流，但是它们在系统流量推荐方面没有直接的联系。有的卖家会问，这个账号之前发过视频，而且被限流了，能用来做直播吗？还是那句话，账号短视频的流量跟直播间的流量推荐没有任何关系，除非短视频有搬运的痕迹，被系统打上了搬运标签，可能会对直播造成一定的限制。如果账号内发布的短视频是正常的低流量状态，就不会影响直播间流量推荐，当然也无法为直播间引流。

（2）账号的粉丝数量和权重等指标和直播间的权重没有直接关系。很多卖家以为，假如账号有 8 万、10 万粉丝，一开播这些粉丝都会来看，而且账号权重也会比较高。其实就算是有 80 万粉丝的账号，刚开播时也可能只有十几二十人，所以直播间流量推荐账号粉丝数量没有任何关系，零粉开播一样可以做到千人在线。

（3）新账号零粉开播，同样可以获得非常好的直播数据，我们来看下面这个案例。

这个直播账号是当天下午注册的新号，当天晚上开第一场直播，虽然同时在线人数不高，最高可能只有 94 人，但从右边的数据能看到它的 GMV 还不错，第一场就有 340 多英镑(图 8－1－1)。到了第二场，直播数据又有了一波拉升，GMV 直接到了 1 318 英镑(图 8－1－2)。这是零粉新号直接开播的数据，所以直播间流量推荐和账号的粉丝数量也是没有任何关系的。

图 8－1－1　某零粉账号开播的第一场直播数据

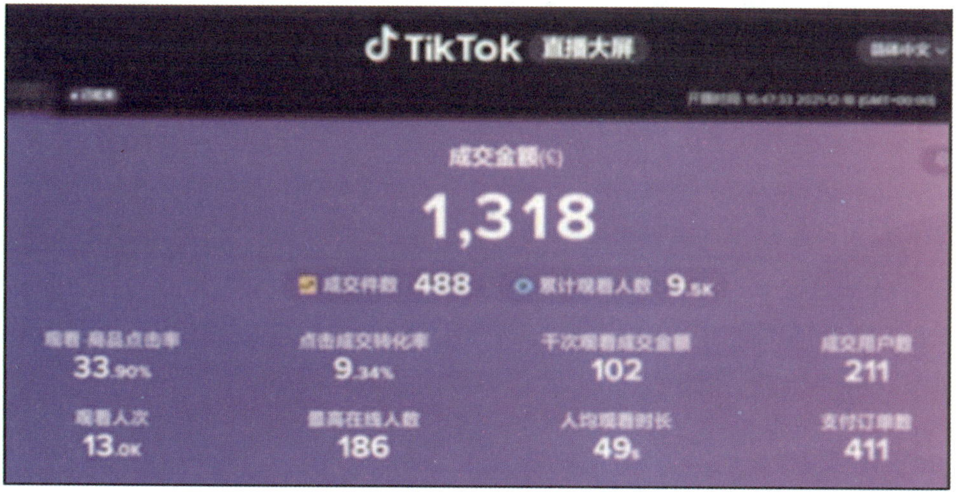

图 8－1－2　某零粉账号开播的第二场直播数据

我们来看下直播间的流量推荐具体和哪些关键指标有关，标签定位又是如何影响直播间流量和成交量的，以及如何调整直播间标签，让标签顺应我们的需求、产品及目标客户。

影响直播间流量获取的关键指标有两种：第一种是互动指标，包括点赞、评论、转发、关注、打赏、停留时长等，只要观众在直播间屏幕上能进行的操作都算互动指标；第二种是交易指标，包括 UV、产品点击率、订单转化率等，这些指标是我们在系统数据大屏上能看到的指标，还有一个指标是系统没有给出的，叫作成交密度。

关于直播间的关键标签一般有两种：一种是观看用户标签，也就是是 TikTok 平台给直播间打上的标签，标记哪一类用户才是直播间的潜在观众；另一种叫作支付用户标签，也是平台给直播间打上的标签，但它标记的是哪类用户才是该直播间的潜在购买用户。观看用户和购买用户不一定是同一拨人，有时直播间的人数非常多，流量非常好，但好像成交并不是特别好，这时就要分析这两个标签了。

当两个标签不太一致时，我们要调整直播间标签，将更多精准流量引入直播间。调整标签时需要遵循两个原则，具体是：

（1）让观看用户标签与支付用户标签无限接近，这两个标签越接近，直播间的流量就越精准。否则观看了的不支付，愿意支付的没进来，直播间的成交转化率就会非常差。

（2）支付用户标签要根据目标人群画像进行调整。作为商家，首先要知道目标人群是哪些人。假如卖的是玩具、亲子装或母婴类产品，那么目标人群就是宝妈，我们就要让支付用户标签向宝妈的标签靠拢。具体来说，我们的支付用户标签就是有孩子的女性，年龄是 25～34 岁，也可能是 35～44 岁。18 岁或者 50 多岁的可能就不合适了，虽然 50 多岁的观众也有可能给孙辈买，但她们不属于我们的主要人群。所以首先要知道我们的目标人群大概有什么样的标签，然后让支付用户标签向这些标签靠拢。

我们来看下如何让观看用户标签与支付用户标签更加一致。

如果卖的是薄薄的女士睡衣，穿起来很性感，卖家找了一位漂亮的女主播在直播间展示这种睡衣。最后直播数据显示直播间的观看用户 70% 都是男性，只有 30% 是女性，而支付用户 98% 是女性。支付的人基本都是女性，但观看的人只有30%是女性，也就是说直播间这些观众只有30%才是我们想要的，其余70%的观众都是无效的。这种情况下我们就应该让观看用户标签向支付用户标签看齐。女主播穿着非常好看的女性睡衣，吸引的是男性。按照这个逻辑，请一位长得帅的男主播，整个直播间的观看用户标签就可以调正了。经过这样的调整后，直播间的女性观众达到90%多，支付用户中女性占80%，这两个标签就已经非常接近了。

下面来看另一个案例。首先看图8－1－3中左边的两张小图，这两张小图是一场直播的支付用户画像，包括用户性别和粉丝结构。中间的两张小图展示的是观看用户的性别和粉丝结构。最右边的这张小图是观看用户所属的国家和地区。

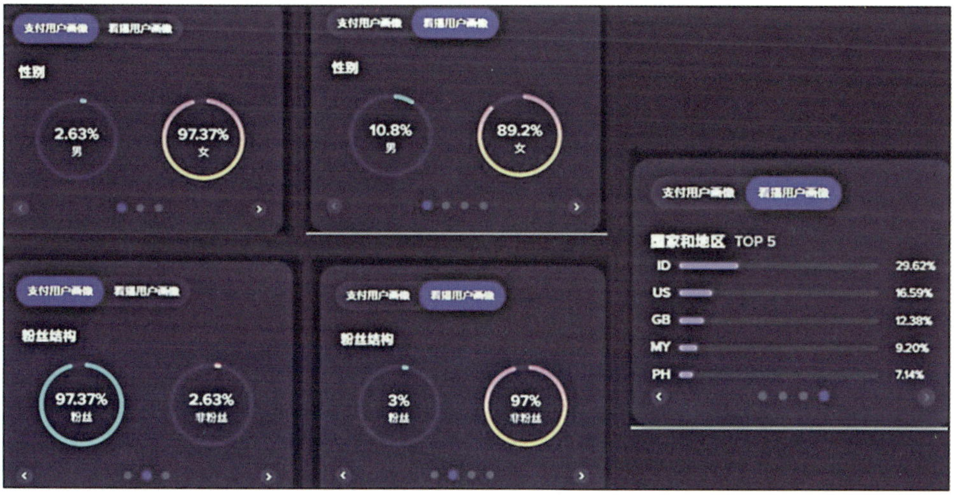

图8－1－3　某场直播的用户画像

首先看性别，支付用户97.37%是女性，观看用户89.2%是女性，这个已经相当精准了，这两种用户画像是我们希望看到的。但我们来看下粉丝结构，支付用户中97.37%是我们的粉丝，但是观看用户中97%都不是我们的粉丝，这说明我们直播间推动非粉丝转化购买的能力非常弱，需要优化直播间内容流程，提升主播技能。

比如，为了吸引非粉丝完成第一次购买，直播间上新速度可以慢一点，把以前的爆款再拿出来卖一卖。

还可以更改开播时间。老粉看直播，是因为你经常在同一时间开播，与粉丝的时间刚好对得上。只要换一个开播时间，这些老粉不太可能因为直播换了时间也跟着换时间，所以可以通过调整开播时间来增加新观众进来的机会。

我们再看下观看用户所属的国家和地区。从观看用户画像也可以发现一些问题并依此做出调整。虽然我们直播主要是针对英国市场，但观看用户所在国家排在第一的是印尼，第二是美国，第三才是英国，然后第四是马来西亚，第五是菲律宾。从数据来看，精准用户很少，可能只有百分之十几。这个时候我们就要去调整。

如果直播间有印尼的人进来，你跟他互动非常频繁，那系统就会认定印尼的用户对这个直播间特别感兴趣，从而推更多印尼的流量进来。所以当观众进入直播间后，如果我们通过他的名字、说话方式，识别出他可能不是我们的目标客户，此时就要减少跟他的互动。

另外，我们也可以在直播间布置一些英国文化的元素，如在直播间放英国国旗，或加一条文案“Only ship to UK”即只寄往英国，或直播的时候说英国客户买了会有什么优惠等，这样英国客户可能就会对我们的直播间更感兴趣，直播间的流量也会变得更加精准。

也可以根据互动数据来调整直播间观看用户指标，例如点赞、评论、转发、关注、打赏、停留时长等。如果数据告诉我们，观看的英国用户占比比较少，我们就加入一些英国元素。这些数据主要受直播间的内容、主播，还有直播间的氛围影响。

支付用户标签主要靠交易数据来调节，比如 UV、产品点击率、订单转化率等。我们要思考如何增加 UV，提高点击率和产品转化率。

8.2 TikTok 直播间冷启动

一个新账号前期是没有任何流量的，那么流量从哪里来？怎么启动我们的 TikTok 直播间？这里介绍三个 TikTok 直播间冷启动的方法。

第一个可以从直播间内容来。内容有非常出彩的地方，比如主播身上自带内容，主播非常优秀，非常漂亮，或者口语特别吸引人，会说脱口秀等。

这样的主播是有内容的，但这样的主播也很难找。如果把重点放在主播身上，直播间冷启动也会很难。

除了有内容的主播可以拉动流量外，更容易做到的是卖自带内容的 IP 款产品。假如直播间卖 iPhone，这样的产品肯定是自带流量的，而且产品本身就是硬通货。

或者我们可以用一些场景和玩法，像很多直播间用铲子一边铲一边打包，这种场景给人一种很解压的感觉，也给人一种拆盲盒的期待和惊喜。但玩法一般没有持久性，没多久其他卖家也都会了，这种玩法就不新奇了，也就失去了对观众的吸引力。

能够为直播间获得持续竞争力的方法还是选品。保持选品的节奏，不断有新品上线，既能通过好的选品吸引流量进入直播间，也能保持直播间的竞争力。

很多时候，我们的产品未必带 IP，但可以为直播间加一些 IP 的元素作摆件或背景都可以（图 8－2－1）。只要直播间有 IP，不管是产品还是背景摆设，都能给直播间带来流量。

图 8－2－1　将 IP 款用作直播间背景

但并不是所有 IP 款都适合摆在你的直播间，选的 IP 款最好要符合直播间的目标人群标签。如果直播间是卖玩具的，就可以摆放漫威系列相关的产品，比如钢铁侠模型，这样喜欢钢铁侠的观众就会在你的直播间多停留一会儿，多看几秒钢铁侠。此时系统就会发现你的直播间对喜欢钢铁侠的观众更有吸引力，就会帮你分配一些喜欢钢铁侠的流量进来。

第二个是用低价产品来引流，所以这种产品也叫引流款。用引流款来启动直播间在国内直播间常用的一种玩法，用在 TikTok 直播间也没问题，谁不爱低价呢？

引流款是用来吸引流量而不是赚取利润的产品，所以引流款不要叠加利润，甚至可以亏本卖，目的就是做到最低价，用更低的价格吸引流量，促进成交。

引流款需要做到三点：一是价格通常是成本价、物流费及其他相应费用的总和，不叠加利润。二是尽量选低价的产品，比如价格最多几英镑或几美元。这个选品未必是我们直播间主卖的产品，可以扩大选品的范围，但一定要做到低价。三是引流款的标签属性要契合主推款或直播间标签属性。比如直播间是卖美妆的，那就可以用成本一两块的面膜来作引流款。以上三点中，第一点和第二点是为了更低价，价越低，顾客购买障碍越小，买的人就越多。

引流款除了为直播间引来流量外，还可以提高成交数据，这样直播间的权重也会增加，平台会为直播间推荐更多同属性的流量，这就让直播间进入了一个正循环（图 8 –2 –2）。同时，引流款还可以为后面的主推款打下转化基础，因为买过引流款的客户之后买主推款的概率更高。

第三个是拉时长。从平台的角度考虑，平台现在整体缺的是内容，特别是优质的直播内容，所以平台会鼓励多开播，让内容丰富起来，也会推荐更多的流量给优质且直播时间长的直播间。所以我们要迎合平台的算法，尽量多播，播的时间长一点。当然，我们要在主播状态和数据指标良好的前提下去拉时长。

有的主播刚开始可能不是特别适应，播两个小时后就觉得特别累，在主播状态不好、体力也不行的情况下去拉时长，直播效果往往会不好，直播间也可能会被降权重。

有时直播间开播了半个小时一个人都不进，或者一个小时都没有多少流量，这种情况就不要播了，因为当天的流量已经推完了，再播也不会有流量了。所以，在数据指标不好时可以直接下播，没有关系。

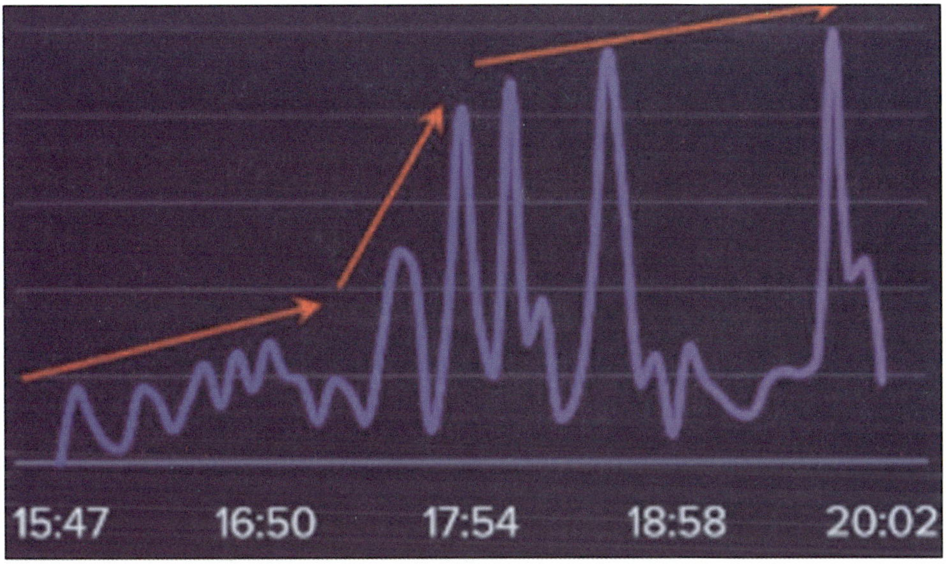

图 8－2－2　某直播间直播过程中成交数据变化

如果平台每秒都在给直播间推人，直播间在线人数也一直不错，这时就要尽最大的可能延长直播时长，尽量继续播。

一个新手主播刚开始不是特别适应，前一个星期每天播两个小时，一个星期后适应了，慢慢挑战播四个小时，直到连续播四个小时都能状态在线，那这个主播才是一个合格的主播。如果播了两三个星期，不管从体力还是精神上都觉得做不到每天直播四个小时，那么可能要再找一位新的主播了。

最后要强调的是，直播间开播后，直播过程中不管多少流量进来，主播都要积极地与每一位观众互动，让他尽可能留在直播间，努力保持直播间的热度。

8.3　TikTok 直播间运营

就像一部电影，虽然我们在屏幕上看到的只有演员，但电影的组织者、领导者、总负责人才是幕后的导演。在一场直播中，主播就是屏幕上被看到的演员，发挥着关键作用，推动着观众情绪；而那个在幕后扮演着类似导演角色的人就是直播间的运营人员。

和导演一样，运营人员要有很强的全局观，要统筹整个直播间并对所有事务负责。

运营人员负责的具体工作主要包括以下几个方面：

（1）策划和撰写脚本。策划主要是针对直播间的营销活动，比如该场直播做什么促销活动，是买 2 赠 1 还是直接降价等。另外，还要确定直播间流程环节并体现在直播脚本中，参与或直接撰写直播间脚本。

（2）统筹直播间人员的分工和协作。如果直播间只有两三个人就比较容易管理，当直播间有八九个人时，场控如何配合，主播和助播如何配合等，就需要统筹协调了。

（3）统筹选品及其组合排播。直播前要安排好各产品的组合及次序，使直播间达到引流、提升热度、提高转化出单等预期的目标和效果。

（4）直播复盘，分析每场直播数据，优化直播流程，提升直播质量。

我们主要来看看如何对直播间的产品进行组合和排序。

首先排 IP 款。像 iPhone、资生堂等品牌的产品就可以作为 IP 款。这种 IP 款基本是大品牌的产品，观众都有认知。品牌就是流量和人气，所以 IP 款不是用来赚钱的，也可以没有什么销量。大品牌的产品虽然好，但没有渠道是没有办法直接在直播间卖的，不然就有侵权风险，所以千万不要为了流量去卖没有授权的产品。

把流量带进来后，就要开始为主打款打基础做铺垫，这时可以推引流款。引流款就是不预留利润甚至微亏的低价产品，这种产品就是给观众送福利的，要让观众明显感觉到这个产品物美价廉，觉得这个直播间有高性价比的东西可买，有便宜可占。低价会让更多的顾客购买下单，进而对直播间产生信任。观众只要付款下单了，就会产生该商家可信的心理暗示，这能为我们后面卖利润款打下基础。引流款要有销量，并且应该是销量最大的产品。

引流款推出后就要推主打款，也就是利润款。这是为直播间赚取利润的产品，也是直播间真正要卖的产品，其他的选品都是为它服务的。这类选品常常不好比价，而且有很多价值点，这样即使加大利润空间也能卖得动。主打款一定要有销量，没有销量就没有利润。

需要注意的是，虽然我们的主打款也可能是价格较低的产品，但不能让观众觉得这个直播间就是用来薅羊毛的，卖的东西是地摊货，只是个低价直播间。要改变观众对直播间的印象，就要靠定位款。定位款是用来提升直播间档次的，要让观众知道直播间也有贵的东西，不是一个只有便宜低档产品的直播间。

比如我们的直播间是卖衣服的，虽然主打款的价格是 15～20 英镑，但我们的直播间里面大部分产品售价是 100 多英镑，这就会让观众觉得直播间的产品都是这个价格。直播间几十款产品中不能只有 2～3 款是 100 多英镑的，这样观众往下刷，发现直播间好像只有那几款价格比较高，整体的定位还是偏低。所以定位款一是要价格高，二是要款式多、SKU 多。可能主打款就 2 款，而定位款有 20 多款，给观众的感觉就像是在高档货中买到了便宜货。

成熟的做法是用 IP 款或引流款开道，主打款和定位款穿插其中，一般是一个 IP 款或引流款搭一个主打款和几个定位款。这可以是一个组合单元，而每次直播可以有多个这样的组合单元，每个单元播完要 15～20 分钟。

8.4 TikTok 直播间场控

场控主要负责营造良好的直播间氛围，拉升直播间的活跃度。场控的工作主要围绕三个方向展开。

第一个是加强粉丝黏性，拉近粉丝和主播的距离。直播间整体的活跃度比较高，氛围比较好的时候，观众会觉得主播非常平易近人，愿意跟主播进行互动，这就加强了粉丝的黏性。

第二个是打造直播间特色。每个直播间的氛围、场景、节奏感都不一样，而观众又非常敏锐，氛围、活跃度的不同观众都能感受到。要让直播间具有一定的辨识度，而且让观众对直播间形成良好的认知，就需要直播间有自己的特色，能够让观众停留更长时间并达到使其以后也常来的效果。

第三个是营造卖场氛围。卖场氛围非常重要，就像我们平常去线下大商场买东西，商场没什么人，你可能也不想进去。如果直播间非常热闹，正常情况下观众都想进去看一看究竟在干嘛，为什么这么热闹。卖场氛围利用的就是人的从众心理和好奇心，以此来推动直播间的成交。

有时候，场控的工作也是主播要做或者要配合的工作，特别是人手比较少的时候。比如只有一个主播和一个运营时，主播就要担任把控节奏的角色。我们来看下场控具体要做哪些工作。

第一，引导观众进行关注、评论、点赞等互动行为，要让观众和我们多互动，让整个直播间活跃起来。引导观众互动主要有两种方法：①利用附加价值提升互动。比如优先给点关注的观众发货，或者观众点关注之后再拍一下某某链接，可以额外赠送一个小礼品等。②利用观众的错失焦虑提升互动。比如说："如果你不关注我，下一次就找不到我了！""明天我要上一个非常劲爆的新品，价格很便宜，错过可惜，关注我，明天再进来抢货！"或者可以说："到了 5 万个赞的时候，我们就抽个奖！"等等。

第二，维护评论区。评论区的舆论走向如何、有没有黑粉，这些都需要进行维护。维护评论区的方法有三种：①用管理员的账号在评论区随时发言。因为每一分每一秒都有观众进来，观众刚进来的时候，不知道这个直播间在干什么，也不知道这个直播间的规则，这就需要管理员账号时不时在评论区发一下规则，引导观众关注和互动，或点击左下角的小黄车等。这就是管理员账号的作用，时不时发言，在评论区进行正向引导。②及时把恶意的评论者禁言或者拉黑。如果突然出现很多黑粉故意在评论区滚屏带节奏，都来不及拉黑，这时管理员账号就可以号召忠粉帮我们说话。③在评论区跟粉丝互动。有时主播没有办法做到实时跟每一个粉丝互动，会忽略掉一些粉丝，如果场控发现了，可以用管理员账号或者小号跟粉丝进行互动，不要让粉丝觉得被忽视了。粉丝的体验感非常重要，要让他们有参与感，有被看见的感觉。

第三就是协助实施直播间的活动或游戏。首先是讲解游戏规则。不要把游戏规则设置得太复杂，观众会因为看不懂、太麻烦而离开直播间。规则越简单越好，一两句话说明白，让观众清晰地知道直播间做什么活动或游戏。TikTok 平台的节奏非常轻快，观众打开 TikTok 就是来娱乐放松的，如果看到直播间的互动活动那么复杂，直接就吓跑了，秒刷下一个，找个让人更放松的直播间。

活动或游戏一定要嵌入一个激发观众互动的刷屏环节，观众只有参与了互动，才能参与到游戏里。比如让大家把"666""主播真棒""直播间真棒"

打在公屏上，引导刷屏互动，拉升直播间互动率，这样也可以让其他新进来直播间的人看到后产生购买冲动。

接下来可以用倒计时的方法来提升停留时长，不要直接给大家开奖，过程太快会削弱观众的参与感。一定要把观众的胃口吊足，让他保持更长时间的期待。这个期待时长要控制在 15 秒左右，如果倒计时两分钟才开奖，观众会觉得太久了等不了，就走了。在开奖的时候一定要有悬念，可以让观众猜一下到底是谁获奖了，调动他们的积极性。

开奖后一定要用开奖的情绪把整个直播间的氛围推向高潮，因为开奖的那一瞬间是非常激动人心的，这个时候场控一定要把握好，说谁中奖了，让我们所有人一起恭喜他，然后音效配合，把氛围推向高潮。开奖后还可以说“现在谁下单我们就会赠送更多的东西!”等等，观众的兴致就被调动起来了，这个时候马上引导下单，进行逼单转化。直播间游戏的目的虽然是提升停留时间和互动率，但最终也是为了引导转化。

8.5 TikTok 直播间运营数据分析

直播间运营数据大部分可以在直播大屏上看到，我们看看有哪些具体的运营数据。

第一个是成交件数，即直播间累计卖出去的产品件数，这个件数不是订单数。有时一个订单就卖了 3 件，这个 3 件就是成交件数。

第二个是产品点击率和成交转化率。

第三个是千次观看成交金额。

第四个是成交用户数。成交用户数是去重的用户，比如一个客户在直播间重复下单，但只算一个成交用户。后续退款的用户就不算在里面。

第五个是件单价。件单价就是直播间的成交金额除以成交的产品件数。

第六个是观看人次。一般场观和最高在线人数，是跟千次观看成交金额一起分析的。

第七个是人均观看时长。人均观看时长就是用户观看直播的总时长除以直播间去重后的观看人数。人均观看时长在目前这个阶段可能不是特别重要，所有优秀的直播间，用户观看时长基本上都在 1 ～2 分钟，所以人均观看时长目前没有太多的优化点。有些运营纠结人均观看时长怎么这么低，才 1 分钟，别人都 2 分钟，所以想办法拉升人均观看时长。但实际上人均观看时长目前对直播间整体数据的影响不大。

第八个是创建订单数和支付订单数。就是用户创建了多少个订单，支付了多少个订单。创建订单数和支付订单数之间的差额，是需要重点关注的一个指标。比如很多用户创建了订单，但没有支付，原因可能是物流的时效太长了，物流费太贵了，或者支付方式有问题等。如果看到用户创建了订单但没有支付，可以在后台跟他聊一聊，问清楚原因，然后推动用户支付。

第九个是分享量、评论量、产品曝光量和点击量。产品曝光量这个指标要经常关注，因为它是流量漏斗最上层的东西。产品首先要有曝光，观众要能看到产品，才能进入下面的环节。产品曝光包括产品列表的观看和产品讲解。在产品列表中点一下某个产品的讲解就会弹出一个小卡片，这也算产品曝光。还有点击量，也需要看一下从曝光到点击的比率是多少，100 个曝光有多少个点击，如果点击量低，要检查产品主图是不是不好看，或者标题是不是不够吸引人，想办法优化主图和标题等。

第十个是新增粉丝量。新增粉丝量是不去重的，比如，有的粉丝可能点了关注，然后取消关注，然后又点了关注，这算两个新增粉丝，但这种情况很少。直播间的吸粉能力强不强，粉丝的黏性高不高，从新增粉丝量就可以看出来。

第十一个是成交密度。成交密度在直播大屏上是看不到的，后台也没有这个数据指标，需要我们自己计算。计算方法就是直播总时长除以成交件数，假如 60 分钟成交了 30 件，每成交一件需要两分钟，那么成交密度就是两分钟。

第十二个是评论互动率。可以在直播大屏右上角的曲线中看到直播的观看人数、评论人数。要注意评论人数有没有占到观看人数的 10% 以上，如果没有，那说明互动引导太少了。

直播间有三个重要的交易指标，分别是产品点击率、成交转化率以及成交密度。

我们先看产品点击率。整场直播下来，来自英国的流量占比大于 80% 以上，那么点击率在30%～40%是比较好的。因为目前只有英国的观众才能点击小黄车，看到产品链接。如果整场直播下来，英国的流量占比有15%，整场直播的点击率有5%，那英国市场的点击率就是5%÷15%≈33.3%，这个点击率也是可以的。

然后看成交转化率。如果客单价比较低，在3～10英镑，比较优秀的转化率是8%～15%；如果是10英镑以上的客单价，转化率一般在2%～5%就不错了。

最后看下成交密度，即单位时间内成交的件数。如果只花一分钟就能成交一单，那这个直播间就非常优秀了；如果60分钟成交了20单，相当于3分钟成交一单，这也算是一个正常水平的直播间。如果100分钟才成交20单，而且客单价非常低，那这个直播间不管从选品、主播还是场景搭建等方面都需要优化。

如果客单价稍微高一点，在5～20英镑，对直播间成交密度的要求可以放宽一点。如果这个直播间客单价在10英镑，60分钟成交45件，相当于一分半钟成交一件，一个小时就有450英镑，就可以把它称作一个热门直播间，现在比较顶级的直播间大概就是这个成交密度。

有时数据低一些也没关系，要具体看直播间的发展阶段。比如，一个新手直播间刚开播一两天，没有流量也很正常，通过不断积累，权重会慢慢提高，系统也会给直播间推更多的流量。而且，因为数据的不断积累，直播间标签会越来越精准，系统推来的流量也会越来越精准，转化率就会慢慢提高，成交密度也就上来了。

8.6 提升点击率、转化率与复购率

如何提升TikTok直播间的点击率、转化率和复购率呢？

点击率有两种情况：一种是点击率过低，需要我们优化提升；还有一种是过高，但不一定就是好的。

首先来看点击率过低的情况。产品的观看到点击是转化漏斗的第一层，决定了最终的转化情况。点击率要保持在合理的区间，否则会导致整体的转化数据太差，就算转化率在50%～80%，没有人点击进来也没有用，所以点

击率一定不能太低，要保持在30%～40%。

如果点击率比较低，可以从三个方面进行优化提升：

（1）加强口播引导。主播可以通过口播的方式引导观众点击左下角的小黄车、弹窗卡片等来提升点击率。有的时候观众介于想点和不想点的犹豫状态，这时引导、推动一下，他或许就点击了。

（2）主播或者坐在旁边的助播人员可以用备用手机在镜头前展示下单的全流程。这种展示可以让观众非常清晰直观地知道怎样一步一步完成购买，获得这个产品，给观众一种获得感。注意要明确提示点击的动作。

（3）运营通过管理员账号用文案引导观众点击小黄车购买，也可以用小号在直播间评论区引导点击加购。用小号从观众的视角把这件事表达出来，可以拉近与观众的距离，让观众产生信任感，促使观众点击。

前面我们提到点击率要保持在一个合理的区间，过犹而不及。为什么这样说呢？

在直播时，主播的每一句话都非常重要，时间是非常宝贵的。如果点击率已经达到50%或者80%了，主播还花时间引导点击，那就是对时间的一种浪费。在点击率达标后，主播应该把时间和话术重点放在产品介绍、树立人设、促进转化等更有价值的地方，在直播的时候主播需要把握好节奏。

转化率是交易数据的核心。转化率过低会直接导致交易数据变差，进而影响直播间的权重，更重要的是转化率的好坏直接影响直播间赚不赚钱。一般建议转化率下限是2%，低于2%就很难接受了。

转化率有下限的要求，却没有上限的要求。转化率和点击率不一样，转化率已经是整个转化流程的最后一步了，越高越好，要无限接近100%。

如果转化率过低，有两个优化方向。

第一是短线优化。有时候转化率太低是因为产品不够吸引人，此时就要上新的产品，用上新款这种方式去刺激观众产生消费欲望。做直播保持持续的选品是非常重要的。

产品吸引力不够并不一定是产品本身的原因，也可能是因为价格。所以有时用低价促销也可以有效拉升转化率。降价一直是非常有效的促销方法，但却非长久之计。一是因为观众会觉得可能市场行情就这样，产品就是这个价格，以后再想恢复就很难了；二是直播电商是互动电商，产品的利润空间因为互动而得以保证，如果持续低价促销，就失去了直播电商的意义：

第二是长线优化。主要从店铺的基本面入手：

（1）从主播入手，培养主播的话术、表现力等，优秀的主播是转化率的保证。

（2）培养自身的供应链能力。供应链能力看起来好像并不是特别重要，在1688等渠道能找到一大堆供应商，而且现在TikTok上产品不是很多，产品供应价格的高低影响也不大。但供应链能力更重要的是产品的质量保证和产品快速迭代的能力。如果供应链强，每天上新款，能保持直播间每天10%～20%的上新率，直播间的轮转速度就会非常快。事实上，上新款的速度是直播间的另一个核心竞争力。

上新款可以从两个方向进行优化。

一是同品类上新，做纵向优化。有很多直播间卖小酒瓶，一开始可能是卖星巴克的小瓶子，后来发现有的观众也喜欢小奶瓶或其他的瓶子，就可以不断深挖这一类产品。

二是增加产品的同属性细分类目，做横向扩展。比如还是卖小酒瓶，有点卖不动了，纵向扩展的效果也没那么明显，这时就可以考虑横向扩展。能不能扩展到小蛋糕、小糖果等，如果再扩大范围到冰箱贴、钥匙扣也是可以的，因为这些类目的受众人群都是类似的（图8－6－1）。

图8－6－1　直播间卖的小酒瓶、小糖果和钥匙扣

直播间的复购率天然比较高，因为观众对直播间本身就有信任感，如果产品确实不错，复购率一般不会差。直播间的平均复购率在30%以上是比较

合理的。

如果复购率低，可以从三个方向优化。

一是多在直播间立人设，这是增强粉丝黏性的一个方法。比如立打工主播的人设，天天被老板压榨，每天都想着给粉丝送福利，但老板不让等。这样的人设慢慢建立起来后，观众跟直播间的黏性就越来越强了。

二是加快产品的迭代速度。如果产品的上新速度慢，复购率就低，因为老粉已经买过旧产品，没必要再买第二个，又没有新产品，所以不买了。这时需要加快产品的上新速度。

三是设置一些复购的优惠给老粉丝。

8.7 TikTok 直播复盘

做事情要有复盘的习惯，好的、对的复盘是成长的保证，做直播也是如此。

直播复盘是通过分析直播间运营数据进行的，图 8 –7 –1 所示为直播间常规运营数据。

图 8 –7 –1　某直播间的运营数据

第一是观看人次。排除直播间被限流或违规等情况，有以下几点会影响直播间的观看人次：

(1) 引流视频。在每场直播开播前，都要发引流视频。直播中也可以发，带上这场直播正在主推的款，来的流量会更精准。引流视频还可以作为下一场直播的预告在直播后发。预告视频中一般要感谢之前参与直播的观众，包括观看的、下单的、点赞的、互动的等，接着要在这条视频后面挂上下一场直播预约的小贴片，这样就可以为下一场直播进行引流。

（2）直播间内容。观看人次也取决于平台对直播间整体的流量推荐，假如主播整体话术内容非常有吸引力，产品也有吸引力，直播的整体内容比较优质，平台就会推荐更多的流量进来，观看人次也就上去了。

（3）直播间场景。就是观众刷进直播间第一眼看到的场景能否让其留下来多看一会儿。平台若发现观众喜欢看，判断这是一个优秀的直播间，就会多推流量进来。

第二是产品点击率。产品点击率是成交转化的基础，产品被点击的前提是要先曝光，所以首先要提升产品的曝光量。可以从 3 个方向来提升产品曝光量：

（1）直播间选品。观众观看了直播间产品，如果他对产品不感兴趣就不会看了，也就不会点开小黄车。如果直播间产品非常好、很吸引人，观众对产品感兴趣，就会主动点一下小黄车看我们的产品主图，甚至点击进详情页看一看。所以直播间的产品非常重要，产品吸不吸引人，决定其能不能曝光、点击率高不高。

（2）主播话术。主播可以通过话术引导曝光。假如同时在线观众有一两百个，主播就可以把观众引导到左下角小黄车，让观众去看看产品。

（3）运营操作。比较常用的就是弹窗，把产品用弹窗弹出来，就算是曝光了。所以要经常把产品弹出来，让观众能更多地看到我们的产品。

（4）场景引导。就是用直播间贴图引导，提升曝光。如图 8－7－2 所示的案例，如果要用直播间贴图，一定要用电脑去推直播，这种对整体设备的要求会稍微高一点。

图 8－7－2　直播间贴图引导点击

除了提升产品的曝光量，我们还要想办法提升点击量。可以从以下两个方向展开：

（1）主播话术。首先，主播要将产品的亮点、卖点介绍到位，引发观众的购买欲望。其次，在引导观众看产品主页的同时，还要进一步强调让观众点击产品。或者弹窗弹出来之后，主播要马上跟进，比如说点击下面小卡片就能进到我们的产品详情页之类的话。

（2）产品主图。观众在没有点开产品链接的时候能看到小主图，如果主图精美、清晰、大方，观众就会对产品感兴趣。电商卖产品某种程度上就是在卖图，图没有吸引力就不会有太多点击，也不会有多少订单。

第三个是点击成交转化率。观众点击产品后创建了多少购买订单，创建了购买订单后，有多少最终支付成交，这就是点击成交转化率。其中有两个数据需要重点关注，一个是创建订单的比率，一个是订单支付的比率。

先看看提升创建订单比率的方法，具体如下：

（1）主播话术引导。观众点击后，主播要引导逼单并跟单。

（2）创建有吸引力的产品详情页。如果产品详情页能给人高大上的感觉，价格也没问题，观众购买意愿和概率也会更高。

（3）选好品。直播间产品本身比较好，观众下单的意愿也会比较强。好产品来自充分的选品工作，优秀的直播间在开播前会用大量的时间进行选品。

创建订单后就是支付订单，这是整个流程的最后一个环节，也就是临门一脚。我们来看看提升支付订单比率的方法，具体如下：

（1）逼单话术引导。创建订单表明观众对产品已经非常感兴趣了，这时要趁热打铁，主播和助播不要犹豫赶紧去逼单跟单。比如用“还剩 30 个了！”“今天最后大放血！”之类的逼单话术。

（2）客服跟单。客户创建订单，但没有支付，客服要马上跟进了解原因，是觉得运费太贵，没有打折，还是优惠券用不了等。把问题找出来及时解决就能增加一个成交，即使当时解决不了，也可以作为下一次的优化点。

整个数据指标贯穿用户从看到直播间到下单支付的整个流程。对所有数据进行检查分析，可以帮我们了解直播各个环节的优缺点，找出问题原因并加以优化。直播间各环节的优化是一个持续的过程，目标就是追求更大的直播间销售额，所以复盘是每场直播的必要环节。通过不断复盘和优化，提升销售额和利润。

为了让复盘工作规范化，我们用复盘表的形式来跟进记录复盘的情况。

复盘表不用太复杂，我们来看看一般的复盘表大概有哪些信息项。如表 8－7－1 所示，复盘表有日期、地区、直播时间、直播账号、主播、运营等信息项，这个表可以用于初级直播间的复盘记录。有关直播的优缺点分析和优化方案也可以记录在这个直播复盘表里。

表8－7－1　直播复盘

日期		地区	
直播时间		直播账号	
主播		运营	
直播情况			
昨天直播的优化方案			
今天直播的问题分析			
明天直播的优化方案			

确定了下一场直播的优化方案后，就可以在下一场直播的准备工作清单中体现优化的相关细节。表8－7－2所示就是直播的准备工作清单，列明了直播前的准备项目。

表8－7－2　准备工作清单

序号	项目	具体内容	进度
1	独立站、TikTok产品上架		
2	备货		
3	场景		
4	特殊道具准备		
5	短视频预热		
6	融合表格数据登记、自由表格数据登记		
7	直播主题		
8	直播策略		

（续表）

序号	项目	具体内容	进度
9	游戏策略		
10	直播品类		
11	website 链接		
12	其他		

事实上，准备工作清单是直播间脚本的一部分，直播间脚本还包括开播之后的流程规划、选品组合及次序安排、主播助播话术内容、活动细则及流程、直播间节奏安排等所有直播间相关内容。

直播结束一定要马上进行复盘，并将复盘后需要优化的细节写进准备工作清单或脚本。这样一是效率最高，二是此时最清楚刚刚跟进的直播情况，复盘也最准确，没有记忆上或数据上的偏差。

8.8 OBS 开播方法与注意事项

在了解 OBS 开播方法前，我们先了解一下什么是 OBS 软件，以及 OBS 推流的原理。OBS 即 Open Broadcaster Software 的缩写，是一种视频录制和视频实时流软件。我们知道，用手机直播时会有一个默认的推流服务器，它会把手机摄像头录制的画面直接推到 TikTok 服务器上，服务器再把这些画面分发给观众。

用 OBS 开播需要先获取推流服务器的地址，然后 OBS 直接把画面通过推流服务器传给 TikTok 服务器，TikTok 服务器再分发给观众。

OBS 软件可以播放各种文件格式的视频，摄像头拍摄的视频或图片也可以播放，OBS 软件同时也是一个载体，或者也可说是一个空间。

下载安装好 OBS 软件后，我们就可以用 OBS 开播了。首先，选择内容来源，不管这个内容是视频、图片还是音频，点击左下角的小加号，之后就可以进行选择了。如果我们添加的内容是图片就选图像，是摄像头的内容就选视频采集设备，是本地视频就选媒体源，选完后点击确定（图 8－8－1）。添加本地视频时，选择需要导入的视频，然后点击确定就可以了（图 8－8－

2）。

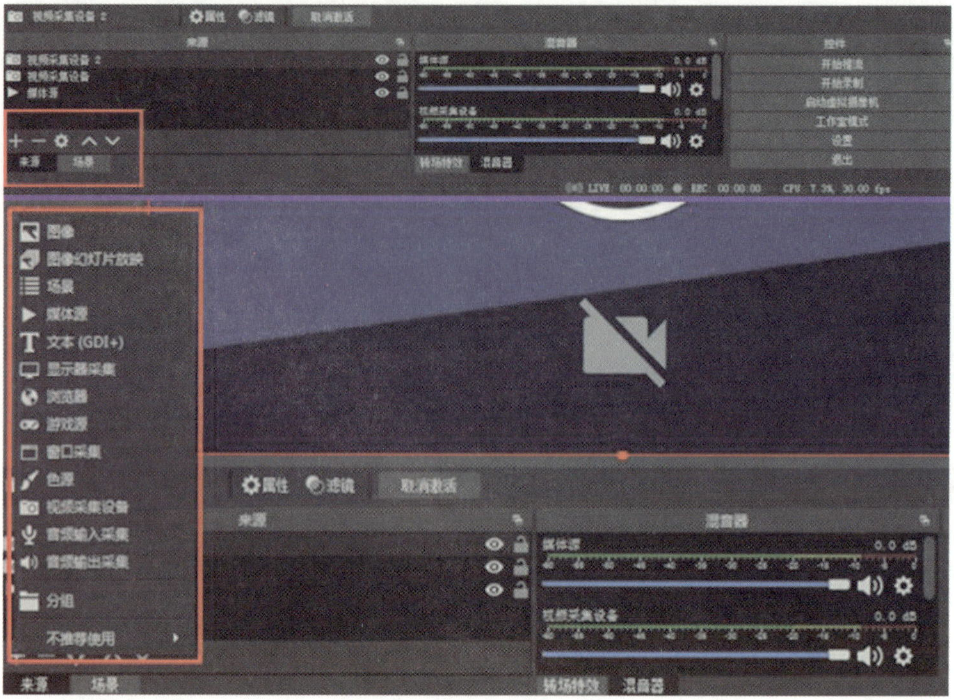

图 8－8－1　在 OBS 软件里添加图片或视频

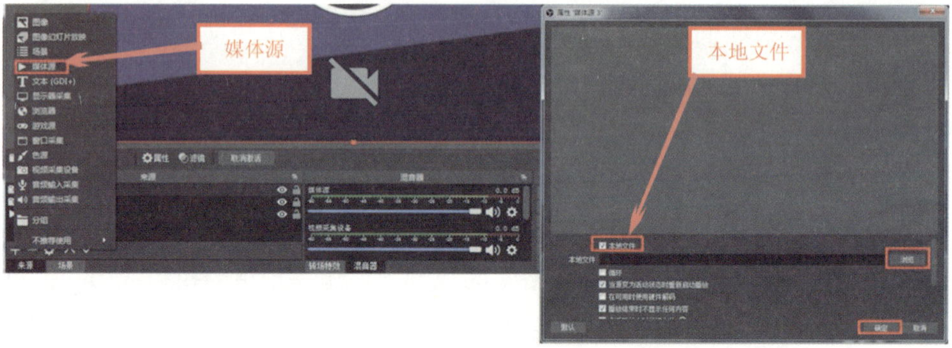

图 8－8－2　在 OBS 软件里添加本地视频

如果我们直播时需要添加摄像头，就选择视频采集设备，在设备栏有可供选择的设备列表，包括电脑自带的摄像头、相机等，选择需要添加的设备，点击确定内容的来源就选好了（图 8－8－3）。

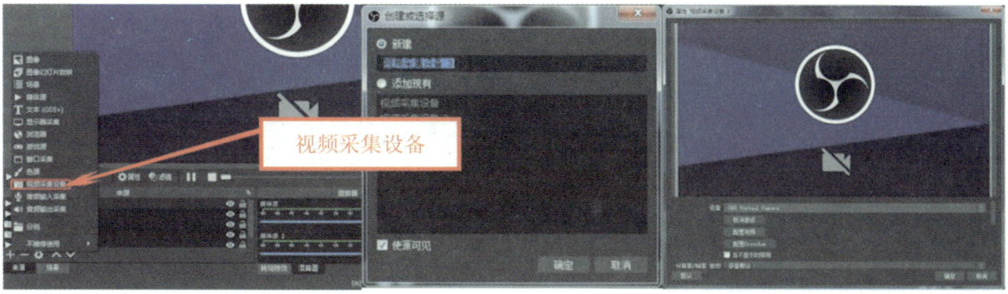

图 8－8－3　在 OBS 软件里添加摄像头

接下来要获取推流服务器的地址和密钥。获取之前要确保自己的 TikTok 账号拥有 OBS 权限，如果没有，需要跟平台的工作人员联系，看能否帮我们开通账号的 OBS 权限。开通权限后，打开手机上直播的画面就会发现，原来只有一个选项，现在往左边一滑会出现一个新的连接选项【Go Live】，点击这个选项后就会出现推流服务器地址和密钥，复制推流服务器地址和密钥就可以了（图 8－8－4）。也可以在网页端打开 TikTok，电脑上操作会更方便。

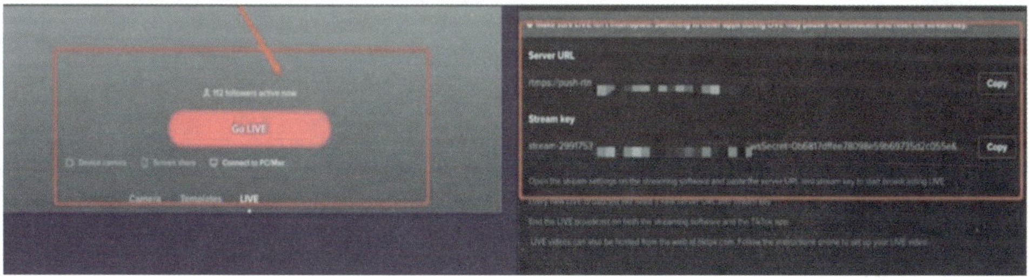

图 8－8－4　有 OBS 权限的账号可以看到推流服务器地址和密钥

获取推流服务器地址和串流密钥后，只需要把它们填到 OBS 里就可以了。在 OBS 软件的右下角点击【设置】，然后点击【推流】，就会出现推流服务器地址和串流密钥的填写项，分别填写推流服务器地址和串流密钥，点击确定就可以了（图 8－8－5）。

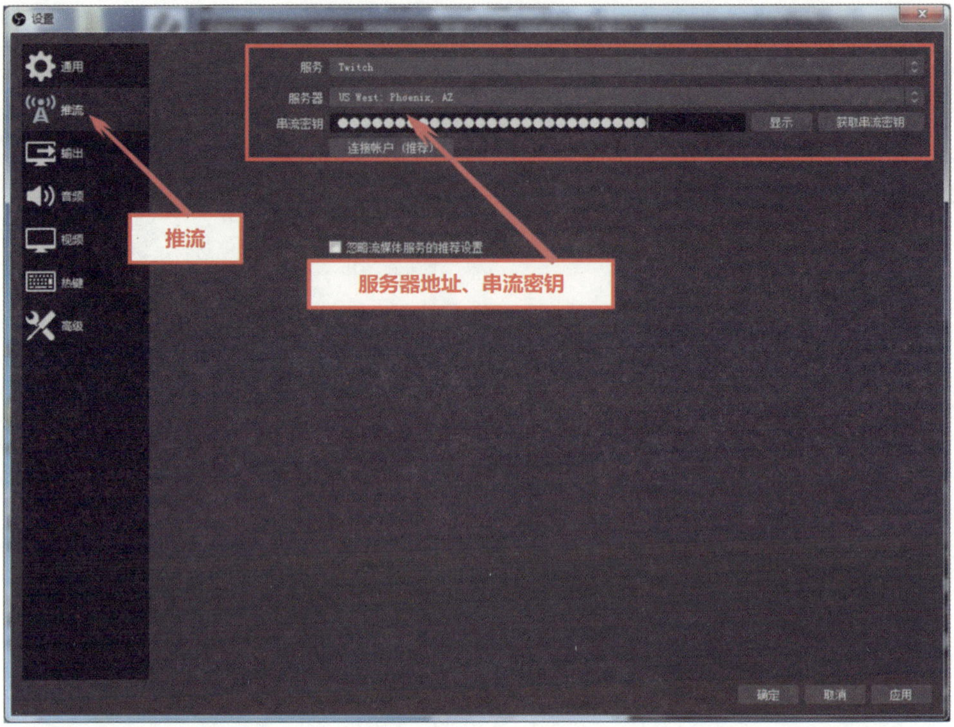

图 8-8-5　在 OBS 里填写推流服务器地址和密钥

开播时若提示有问题，可以检查服务器地址串，试着将开头的字符串“rtmps”删掉，看看是否可行。如果还不行，将后面的字符串“：443”也删掉，基本上做完这两个操作之后就可以了。开始推流后，检查一下右下角的小方块是不是绿色的，绿色代表 OBS 在正常工作（图 8-8-6）。

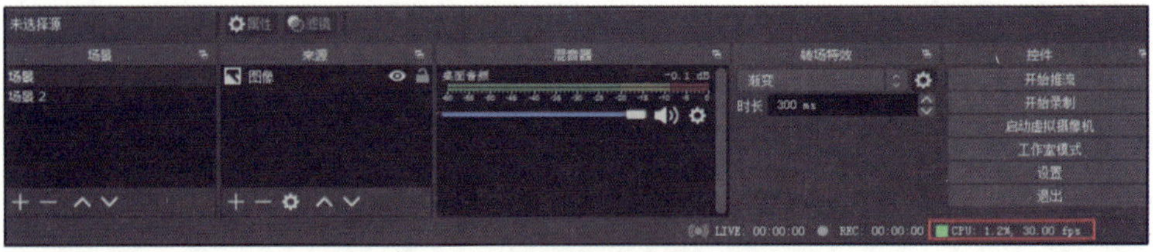

图 8-8-6　OBS 正常工作的页面

需要注意的是，TikTok 平台直播对网络带宽是有要求的。如果用罗技 1000E 这种摄像头，上行速度即上行带宽要达到 6 兆，如果用一些高清相机则至少要达到10兆。这个宽带是海外专线宽带，国内宽带无法连接到TikTok的海外服务器。假如想推流到英国，不一定要用英国的海外专线，用香港或美国的也可以。

在OBS中可以调整视频的基础分辨率和输出分辨率，如图8－8－7所示。如果想要调整视频的基础分辨率，点击设置中的【视频】会看到【基础（画布）分辨率】，默认设置是1 920×1 080，即横屏16：9，但是TikTok是竖屏的，所以要改成1 080×1 920。输出分辨率和基础分辨率保持一致即可。

还有一个是视频帧率即FPS值，一般设置为25～30，不需要太高。帧率越高画面越流畅，但一般30帧就够了。帧率越高对网络和设备的要求就越高。

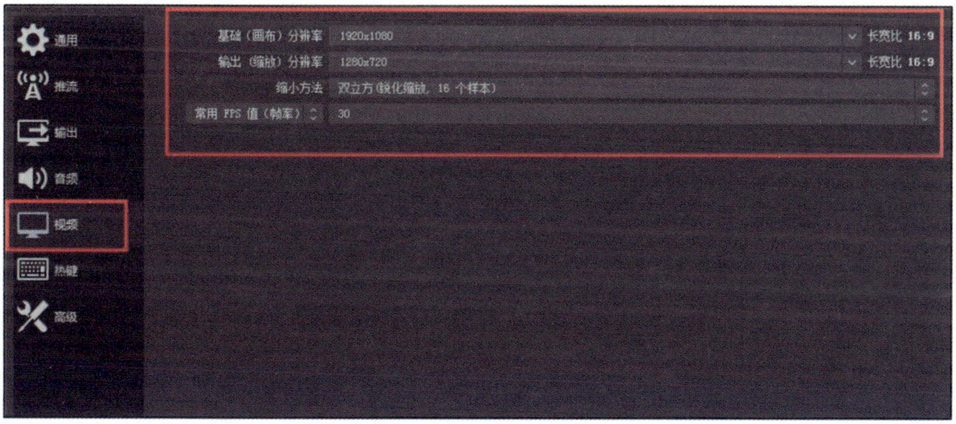

图8－8－7　OBS的视频设置

输出时，编码器可以选择软件，也可以选择硬件，如CPU软件编码、显卡硬件编码等。显卡有独立的处理器，推流处理速度会快很多，所以尽量选用显卡之类的硬件编码。比特率越高视频越清晰，对带宽的要求也就越高。一般建议2 000～2 500就可以了，假如想要非常高清，网络带宽也足够，选择3 000～4 000也可以。如果在推流的过程中有卡顿，那就表明在相应比特率下带宽不够用，此时可以适当调低视频的比特率，直到画面恢复流畅（图8－8－8）。

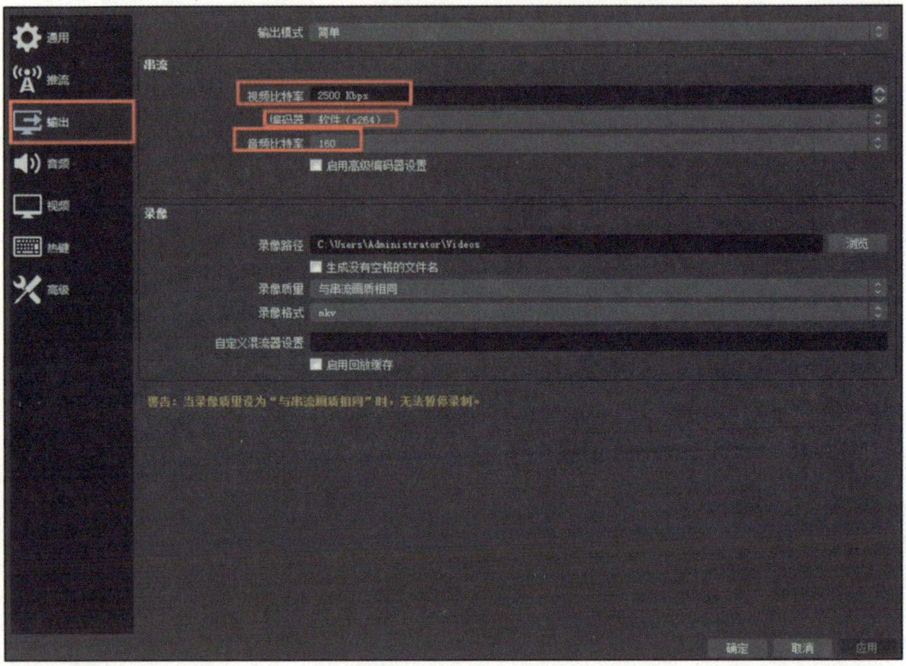

图 8－8－8　OBS 的输出设置

9 TikTok 顶级直播间攻略

9.1 打造 TikTok 原生态直播间

国内直播不存在原生态的说法，因为我们是中国人对本国人直播。而 TikTok 直播间常常是跨国家、语言、种族的直播，需要契合目标国家或地区观众的状态和习惯，使用贴近目标市场观众的日常沟通用语等，我们把这个叫作目标市场原生态。比如用符合英国本地居民的日常沟通方式、日常用语和购买习惯的内容，配合正常直播销售的一些技术手段，让当地 TikTok 用户不会在看直播时有割裂感。

显然，目标市场原生态是我们直播时希望达到的效果，我们可以通过选择原生态主播和打造原生态布景来达到这个目标。

9.1.1 选择原生态主播

选择原生态主播时，可以从直播语言、直播话术、直播仪容、直播态度四个方面来考量。

（1）直播语言。例如面向英国市场，就要让英语流利、口音纯正的主播驻场开播。另外，主播还需要了解目标市场观众的生活状态，这样既可以跟观众沟通售卖的产品，还可以无障碍地和观众进行其他日常话题的沟通交流，让直播间内容更好地融入当地市场，减少直播割裂感，拉近与观众的距离。

建议选择的主播是：①英文 Native Speaker，有本地口音（比如 UK accent）更佳；②在英国或美国长时间生活过的主播；③顶级的英文能力者，能达到前面提到的两种主播的语言能力要求。

（2）直播话术。跨境商家应当认真研究目标市场观众的生活状态，并在话术方面进行针对性输出，根据日常用语和购买习惯等内容进行针对性调整，从而提升直播质量，吸引本地消费者的关注。

现实情况常常是，主播直播时需要随时跟不同国家或地区的观众互动。每当新观众进来，主播、客服都会主动询问观众来自哪里，在提升互动量的同时，也要基于直播间用户的差异灵活地调整话术，实现其他市场如东南亚地区的稳定出单。

（3）直播仪容。主播的妆容、服饰要迎合当地审美，要与直播间整体主题相搭配，甚至多名主播之间也要相互搭配。但要注意禁止主播服装过度暴露，或者妆容与场景强冲突，比如居家场景画大浓妆，直播效果也会大打折扣。

（4）直播态度。在直播时，主播不仅要做到自信有力以增加话术信服度；更需要端正自己的站姿、坐姿，避免偏坐或歪坐，给观众自然舒适的观感，提升直播间好感度。坐姿直播适用于日化、母婴、食品饮料、美妆个护、3C 数码等品类；站姿直播适用于服装鞋包、家居用品等。

9.1.2 打造原生态布景

要搭建一个契合目标市场观众的直播布景，我们也可以参考国内对标行业的直播间布景。

以下是一些直播间布景的建议：

（1）在背景布置方面，可以用单一色系且视觉舒适的背景，也可根据品类选择适合的背景，如 3C 数码可以选择与数码相关的主题背景来提高观众兴趣度。

（2）在选择背景音乐时，可以在带入气氛时使用节奏感较强的音乐；在主播讲解或聊天时使用节奏缓慢的音乐，甚至可以将音乐关掉；此外还可以适当添加特效音乐如掌声、笑声等。注意：尽量不要长时间使用强节奏音乐，禁止使用侵权音乐。同时，要避免直播间背景音过于嘈杂，音量过大等问题。

（3）在展示产品时，前景操作台要占画面的 1/4，前景操作台主要用来展示产品和产品使用效果。直播时，主播尽量位于画面中间位置，不要偏坐或歪坐。

（4）展示产品 Logo 时，注意要预留 1/4 的位置展示品牌 Logo/Slogan。若是官方账号则用品牌 Logo 作为头像，不要不展示 Logo，不告知品牌信息。

（5）在设置直播机位的角度时，尤其是展示美妆产品的化妆效果、质地等时，要注意机位要平视，再辅以特写镜头展示细节。除了平视机位外，服饰也可以尝试仰视机位，可以显得腿长，让展示效果更好。

（6）在贴图的设置方面，可以用贴图展示关键词，如包邮、折扣、限时抽奖、关注、点击小黄车等。服饰类还可使用模特尺码参考、产品尺码表、色卡等贴图。贴图尽量不要用手写的纸条，不要遮挡主播的脸、品牌 Logo 和产品，也不要往站外引流。

（7）为主播配备手机或平板，让他用来展示加购的方法，引导用户下单。

引导话术

You can shop while you are watching the TikTok live.

You don't need to go to the website, you can literally shop now right here, as long as you are in the UK and your age is over 18.

9.1.3 成功案例

（1）账号为@ nyxcosmetics_ uk 的直播间（图 9－1－1）。

图 9－1－1 @ nyxcosmetics_ uk 的直播间

主播：原生主播、native speaker，双主播互动性强；两位主播的服饰相互搭配，与直播间主题也很搭；采用坐姿直播。

直播背景：纯色背景搭配绿植，整体色调采用黑色与粉色，打造少女粉嫩感的同时，又能体现品牌的专业感。

主播占画面的2/5，留足空间放置品牌信息。

操作台占画面的1/4，将产品展示在操作台上。

画面上方1/3放置了品牌logo/slogan和直播间活动。

机位角度随主播试用产品时的需要进行调整，logo位置也随之调整。

（2）账号为@ankerofficialuk的直播间（图9－1－2）。

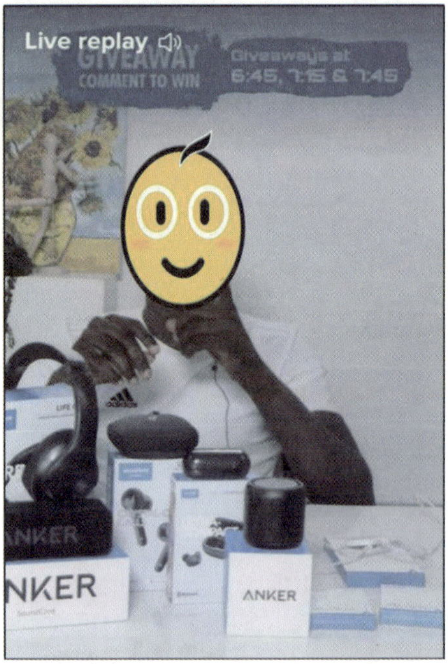

图9－1－2　@ankerofficialuk的直播间

主播：原生主播、英语流利；穿着简单；佩戴麦克风，收音清晰；采用坐姿直播。

直播背景：直播间背景干净。

主播位置居中，占画面的1/2。

操作台占画面的1/4，将产品放在操作台上展示。

画面上方 1/3 放置了直播间活动。

机位角度随主播展示产品的需要进行调整，包括对焦产品等。

（3）账号为@ isawitfirst 的直播间（图 9－1－3）。

图 9－1－3　@ isawitfirst 的直播间

主播：原生主播，双主播互动性强；两位主播的服饰相互搭配，并且与直播间主题相搭配；采用站姿直播。

直播背景：搭配假日主题。直播间背景布置简单，结合当日直播主题外加了一些小配件。

主播占画面的 90%，后置衣架用来挂展示的产品。

配备平板，主播向前走动用平板展示如何在 TikTok 上下单购买，或用平板阅读即时信息，避免一直看外部提词器。

9.2 TikTok流量全攻略引爆直播间

在之前的章节我们介绍了直播间的冷启动，本节则全面介绍如何将流量导入TikTok直播间。

导入TikTok直播间的流量主要分为自然流量、私域流量和付费流量三大类。我们来分别看看如何将这三大类流量导入直播间。

9.2.1 自然流量

自然流量拥有六大入口，分别是【For You】、【Following】、【Top Lives】、【Messages】、账号主页以及搜索关键词。

（1）【For You】。通过For you主页的视频推荐直接展示给精准用户。可发布直播导流短视频以吸引用户注意（图9-2-1）。

（2）【Following】。Following关注页可以命中已关注账号的用户。已关注用户打开此页面可优先收到账号的动态信息，提高用户进入直播间的概率（图9-2-2）。

图9-2-1 【For You】操作页面

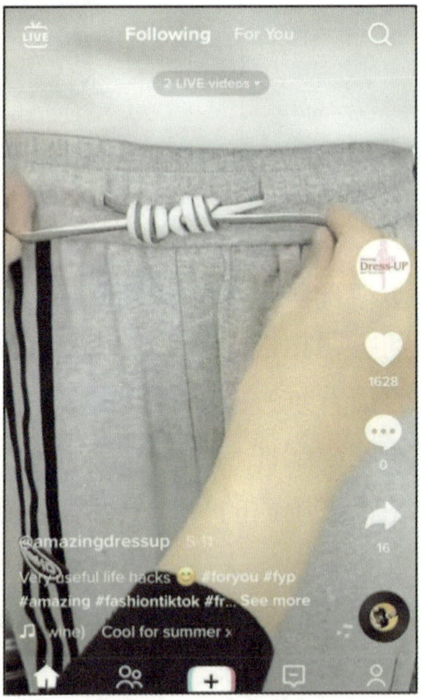

图9-2-2 【Following】操作页面

（3）【Top Lives】。点击左上角直播页即可看到平台推荐的直播间（图9-2-3）。若能在短时间内快速吸引关注，就可大大提高直播间的用户留存率。

图9-2-3　Top Lives 推荐的直播间

（4）【Messages】。当已关注的账号开播时，用户会收到账号开播的站内信息提醒，及时将直播信息传递给已关注用户（图9-2-4）。

（5）账号主页。在账号直播期间，头像周边会显示粉红色的呼吸灯以吸引用户注意（图9-2-5）。

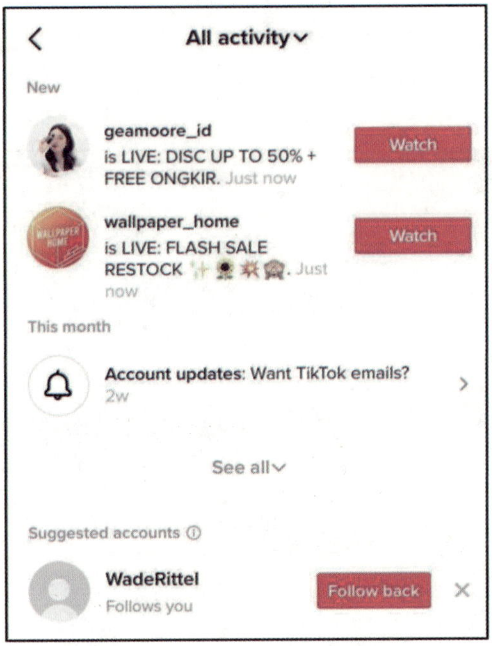

图 9－2－4　Messages 收到直播信息

图 9－2－5　账号主页展示直播状态

（6）搜索关键词。若搜索的账号在直播，这个账号的头像周围会打上 LIVE 的图标，这时 90% 的用户都会进入直播间查看（图 9－2－6）。

由这些入口导入的自然流量，很有可能转化为预热短视频的流量，从而为直播间引流。卖家可以进一步丰富短视频内容，如果有用户刷到，就能看到正在直播的标识。通过短视频进入直播间的流量占比为 60%，短视频是抓取自然流量最多的一种方式。

图 9－2－6　搜索关键词展示账号直播状态

9.2.2　付费流量

付费流量指的是用 Promote 投放导入的流量。Promote 投放是 TikTok 站内的付费广告工具，用于直播间和短视频的推广。Promote 投放的具体作用是：

（1）直播间推广。在使用了 Promote 投放后，直播间会被推荐揽流，用户在刷短视频时可以看到直播间的预览卡片，这大大提高了直播间的曝光量。

（2）短视频推广。利用 Promote 投放，直播预热的短视频可以触达更多用户，为直播间进行强引流。

根据 TikTok 的直播推荐流机制，TikTok 会为每一个直播间分配一个流量池，如果在 10～15 分钟内直播间有人下单、互动，就会被判定为优质直播间，然后被官方推荐到更大的流量池，就有更多用户可以刷到你的直播预热视频和直播间。

对直播间或直播预热视频进行 Promote 投放，能在短时间内增加直播间流量，提高下单、互动的概率，让直播间更容易成为优质直播间而被平台推荐。

9.2.3 私域流量

私域流量主要来自两个方面，具体是：

（1）站内私域流量。在直播开始前可以发布预热短视频，吸引已关注的粉丝进入直播间。也可以使用 EDM 邮件通知下过单的用户，若用户感兴趣会再进来观看。

（2）站外私域流量。在直播开始前可以将直播预告分享到 Instagram、脸书等社交媒体平台。在直播中，主播也可以引导消费者在其他社交媒体分享直播间链接。这些做法都可以为直播间引流。

TikTok 变现的沉淀

10 TikTok Plus 独立站

从 TikTok 而来的流量，不管是短视频还是直播，将流量（客户购买）和客户引到自有域名的独立站进行成交，将 TikTok 的变现价值沉淀在私有域中。这一方面可以为客户的复购打下基础，其次更重要的是，独立站也成为私域运营的最终变现点、品牌及企业价值的沉淀点。可能的情况下，卖家应该尽快布局独立站。

10.1 建独立站

建独立站需要用到的工具是 Shopify，下面来看具体的建站流程。

先打开谷歌浏览器，在地址栏中输入 https://www.shopify.cn/，这是 Shopify 的中文官网。如果想要英文页面，可以输入 https://www.shopify.com/。进入页面后，在登录栏输入我们的电子邮箱、密码、商店名称。这里需要注意，商店名称不能包含 Shopify 的限制使用字符，如果商店名称已经被别人先行注册占用了，我们需要更换商店名直到可以注册。商店 URL 可以和商店名称一致，但同样的，如果商店 URL 被占用了，也需要不断尝试，直到可以注册为止（图 10－1－1）。

注册成功后，点击【创建商店】，进入店铺初始化设置页面，然后按指引进行操作就可以了。

店铺初始化的第一步是简单介绍自己，包括是否在经营商品销售业务、目前的销售额等，完成后点击【下一页】（图 10－1－2）。

图 10-1-1　用 Shopify 创建商店

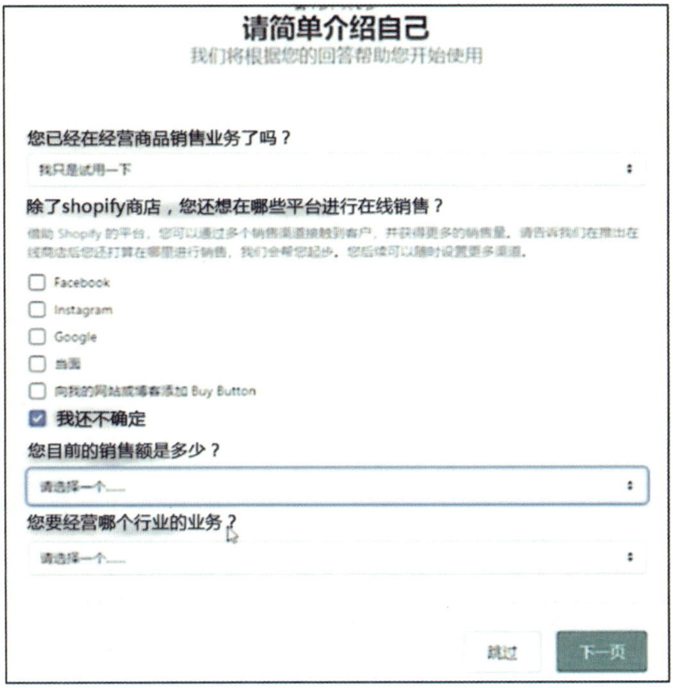

图 10-1-2　简单介绍自己

然后添加收款地址、真实的电话，最后点击进入【我的店铺】，到这一步我们的店铺初始化设置就算完成了。

点击进入 Shopify 店铺的后台，可以对店铺进行一些其他的设置。

首先是商店的详情设置，在这里可以更改商店的名称、行业、地址等。

而后我们需要设置套餐，这里有三种套餐可选，分别是 29 美元、79 美元、299 美元。它们之间最大的差别在于交易手续费，比如 29 美元套餐的交易手续费是 2%，299 美元的是 0.5%。刚开始通常选 29 美元的套餐。付款方式一般有两种——信用卡和 Paypal，如果用信用卡支付，需要双币信用卡。这里也可以设置收款方式。

然后是结账，注意一定要选择中间用户登录。用户的联系方式一般只选择邮箱，不要选择手机，否则客户会经常打你电话。关于客户信息则要求把客户收货地址和电话号码写上，这两项为必填项。结账页面的语言一般设置为英文。点击更改模板语言，选择英语就可以了（图 10 – 1 – 3）。

图 10 – 1 – 3　设置结账页面的语言

接下来是创建产品类目及上传产品。

首先创建一个产品类目。进入商店主页时会看到有玩具类、美妆类等分类，这个就是类目。如果要创建一个产品类目，需要先给类目命名，然后添加产品类目图片，这个类目创建就算完成了。

然后上传一件产品。首先设置产品名称，产品名称要尽量简明。接着是定价。然后是设置尺寸、样式等规格属性，比如产品是玩具，就要设置颜色、尺寸等（图 10－1－4）。

图 10－1－4　产品设置

最后将产品状态从草稿变为活跃，产品就可以在商店里正常显示了。接着，我们将产品与产品类目关联，点击保存，产品就正式发布了。

如果想要把产品类目放到商店的主页目录中，可以点击主菜单，添加一个菜单项，菜单项的名称就是我们想要在类目页上显示的名称，然后链接到刚刚建立的类目里面，点击保存（图 10－1－5），回到店铺主页，在店铺的导航栏里就可以看到这个产品类目了。如果有一些类目不需要显示，也可以在主菜单里删除。

至此，一个最基础的店铺就算建成了。

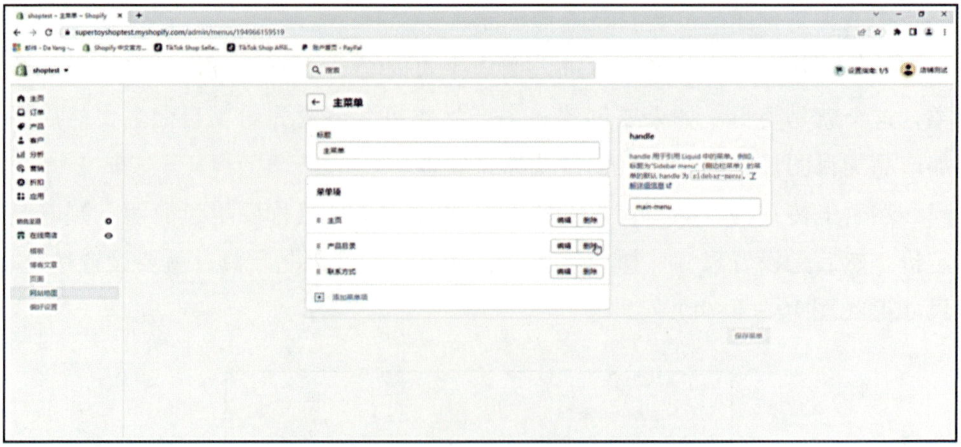

图 10－1－5　主菜单调整店铺主页类目

10.2　独立站产品主页规范

要做好独立站的产品主页，首先要知道产品主页中有哪些主要元素。我们来看图 10－2－1 所示的这个产品主页案例。

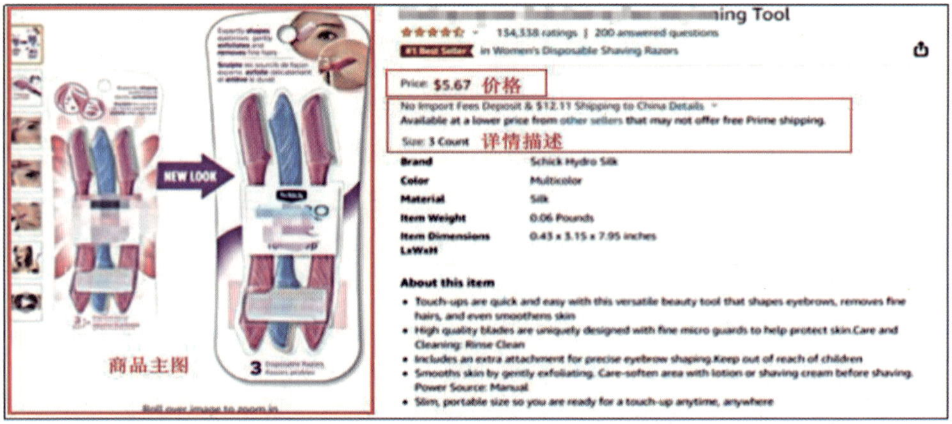

10－2－1　某独立站的产品主页

产品主页包括产品主图、标题、价格和详情描述，主页的底部还有网站政策和筑底插件。筑底插件是一个常用的插件，不管页面滑到哪个部分，底部都会有一个加入购物车的选项，这样能够提高转化率。

产品主页的优化也是基于我们看到的页面元素进行的，具体优化项和优化方式包括：

（1）产品主图。拍摄一些原创的高品质图片并进行后期处理，让图片更加精美。在独立站上设置主图，尺寸一定要一致。如果客户进入独立站的产品详情页后发现第一张图片是正方形，第二张图片是横着的长方形，第三张图片是竖着的长方形，体验会非常差。还要尽量保持图片风格一致，特别是同类目的产品。可以参考其他平台的产品主图做法，如亚马逊、京东、天猫等平台主图的尺寸、风格等。

（2）产品标题。独立站的产品标题和亚马逊、速卖通这些电商平台上的产品标题是不同的，亚马逊、速卖通的产品标题往往都很长，因为它们需要覆盖更多的关键词，以便让更多客户搜索到产品。而独立站的站内搜索很少，基本不会用到，所以独立站的产品标题不需要太长，简洁明了地告诉观众是什么样的产品，再附加一些优惠说明就可以了（图 10－2－2）。

图 10－2－2　某独立站的产品标题

这里有两个案例。如果是做爆款产品，可以在产品标题上添加促销活动，后面接上产品名称；也可以把促销活动放在产品名称的后面，这样就一目了然了。如：Cake ATM Money Box -60% OFF Today。如果是做一个品牌独立站或者一个精品独立站，也可以把这个品牌名用一个中括号括起来，放在产品名称的前面，品牌名尽量大写，这样会给观众更强的视觉冲击。如：【XXXX】blue&yellow bells。这种方法不只用在独立站，也可以用在 TikTok Shop 上。

（3）定价。给 Shopify 独立站的产品定价前要先确定毛利率。独立站需要自己做广告引流，所以定价时需要预留广告成本。如果是面向美国市场，产品的毛利率尽量保持在 50% 以上，这个毛利空间就预留了广告成本。大部分独立站的广告投放 ROI（投入产出比）至少要达到 1.8 ～2（即投入 1 美元广告费可获得 1.8 ～2 美元的销售收入），这是盈利临界值。只要预留的毛利空间足够大，一些品类的 ROI 到 1.6 也能盈利。一般来说，毛利率保持在 50% 以上是较为保险的。

具体的定价计算方法可以参考表 10-2-1。如果产品成本是 4 美元，邮费是 6 美元，总成本就是 10 美元。一般产品定价可以是总成本的 2 ～4 倍，像表中产品售价 30 美元，就是按总成本的 3 倍计算出来的。

表 10-2-1　产品定价计算

项目	金额（美元）	备注
产品成本	4	
邮费	6	
总成本	10	产品成本 + 邮费
产品售价	30	总成本 * 3
产品划线价	54	产品售价 * 1.8
Shopify 交易手续费	0.6	产品售价 * 2%
PayPal 收款手续费	1.62	产品售价 * 4.4% +0.3
利润	17.78	产品售价 - 各项手续费 - 总成本
利润率	59%	利润/产品售价

在 Shopify 后台上传产品时，需要设置一个产品的划线价。划线价是一个促进下单的做法，在产品主页上显示产品价格时，会在现价的旁边显示一个被线划掉的价格，这个价格就是划线价。划线价太高会没有说服力，一般建议不要超过定价的两倍，比较常用的是 1.8 倍，这个例子中就是 54 美元，客户看到从 54 美元打折到 30 美元，会觉得是非常大的优惠，可以达到促进客户下单的效果。

产品售出后还会产生 Shopify 交易手续费，如果选择最低档的 29 美元套餐，每笔的手续费是产品售价的 2%，本例中 30 美元的 2% 就是 0.6 美元。

接下来是收款手续费，即 PayPal 或信用卡收取的手续费。不管是 PayPal 还是信用卡，手续费率都差不多。PayPal 手续费 = 产品售价 ×4.4% +0.3 美元/笔，0.3 美元/笔的意思是不管这个产品卖多少钱，每卖出一笔都要收 0.3 美元的手续费，再加上售价的 4.4%，这个案例的收款手续费算出来就是 1.62 美元。

利润就是售价减掉各项手续费和总成本。那么本案例单件产品利润大概是 17.78 美元，利润率是 59%，整体的毛利率高于 50%。也可以根据实际情况灵活定价，比如我们看到的这个产品虽然利润率 59%，但还有很多其他成本，比如人工成本、场地成本和无形损耗等都还没有算进去。

利润率可以按照上述方式计算，价格也基本按上述思路来定。

（4）产品详情，即产品描述，具体包括以下内容：

首先要有一个第三方支付的小图标。可以是 PayPal 或其他各种银行的图标。加上这些图标，一方面说明支持的付款方式，另一方面也能让客户支付时更放心。

其次是动态图片。动态图片要和 TikTok 中的内容保持一致或者至少是接近的状态。

然后是产品描述。把产品的卖点和亮点写出来，也可以添加一些吸引观众的其他描述、优惠政策等。还有静态图片，要尽量拍得有质感一些。接下来是产品的规格说明，如材料、尺寸、颜色等说明。还可以把产品清单拍成照片放上去，这个产品清单要列出具体的产品名称、数量、赠品、配件等。比如卖遥控车，车是主体，还配有一块电池、一把小螺丝刀、两颗螺丝钉，把产品主体和配件摆出来拍成照片放上去，也相当于告诉客户收到的包裹里会有什么。最后加上物流保障，比如多长时间内可以到达目的地，也可以加上售后服务等。

图10－2－3是一个热门独立站的产品详情页主要元素，可以参考着来制作产品详情页。

产品详情页的主要元素

（1）支付保障
（2）动态图片
（3）产品描述：有什么用，能解决什么问题等
（4）静态图片
（5）产品说明：材料、尺寸、颜色等
（6）静态图片
（7）产品清单：几个产品，送什么东西等
（8）物流保障

图10－2－3　产品详情页的主要元素

网站政策是每个独立站都必须要有的，假如没有这些政策，在谷歌或Facebook等平台投放广告引流时，会因为网站政策不完整或模糊不清而不能通过落地页的审查。

网站政策有隐私政策、物流政策、退货政策等，这些都要写清楚，可以参考图10－2－4所示的网站政策，但不要照搬，因为Shopify会有查重机制，如果照搬，会被认为是高风险网站，所以一定要结合自己的情况修改一下。

图10－2－4　谷歌和脸书的网站政策

10.3 独立站运营工具

独立站运营工具主要是 Shopify 的内部插件，可以在 Shopify 后台搜索到很多应用插件。

Oberlo 插件是一键代发必备的插件。一键代发就是我们作为中间商，客户在独立站下单了以后，我们把订单发给另一个供应商，由供应商发给客户，我们在中间不会接触到货物，可能客户给我们 20 美元，我们给供应商 10 美元，赚中间 10 美元的差价。

Oberlo 插件也可以一键将速卖通的产品导入我们的 Shopify 店铺中，如果有客户在我们的独立站下单，在后台可以一键将订单信息同步给速卖通的卖家，然后它们就可以给客户直接发货。新手卖家可以用这个方法练手，特别是在自己的物流还没有跑通的情况下，可以先用一键代发处理订单，等物流跑通之后再自己发货。

当然，一键代发也有一些缺点，比如有些产品在速卖通上找不到，或者没有办法自己把控物流时效，因为顾客在我们的店铺买东西，你是要对顾客负责的，如果供应商发货很慢，平台惩罚的会是我们自己的店铺。

另外，一键代发的方式利润会低一些，大概比自己采购、发货的利润低 30% 以上。如果独立站已经做了一段时间，条件成熟，要尽早做到自己发货。可以先解决几个 SKU 的供应链，渐次替换一键代发。

Ryviu 插件用于快速导入亚马逊或者速卖通平台的评论。电商网页上客户的评论对潜在客户有很强的影响力，往往决定着客户是否最终下单购买。卖家都希望产品主页下面有更多的评论，特别是好评。这个插件可以把亚马逊或者速卖通平台的评论导入我们的独立站，独立站就不需要再从头去积累评论了。独立站可以自己上传评论或者删除差评，这也是独立站的一个好处。

Crush. pics 插件用于自动压缩图片。产品图片的打开速度是很重要的，如果图片三秒钟还没打开，80% 的人就会关掉网页。图片压缩插件可以帮我们把独立站内的所有图片进行压缩，提升图片及网页的加载速度。

驻底付款按钮插件用于将付款按钮固定在屏幕下方，不管屏幕显示页面的哪个部分，驻底付款按钮始终在屏幕下方。如果客户进入我们的独立站看完主图、标题和价格后还不想加购，想要了解更多详情，客户会继续往下拉，在往下拉的过程中可能看到某一张图片或某一个描述就突然心动想要购买了，但如果还要再往上拉回去才能加入购物车，客户可能觉得有点麻烦就走了。如果页面有一个驻底付款按钮，不管页面拉到哪里，只要顾客产生购买冲动就可以直接点击，这样就可以提升转化率。

邮件营销插件。邮件营销就是给客户发邮件或发送一些优惠券。外国人习惯用邮件进行沟通，每天早上起来第一件事可能就是打开邮箱看一下邮件。

最后一个插件是弹窗。弹窗是用来收集客户邮箱的，客户一进入我们的独立站先弹窗让客户填写邮箱，订阅我们的店铺。收集邮箱后我们就可以对他进行邮件营销了。

插件不是越多越好，如果加入太多插件，会拖慢独立站的速度。加插件要适可而止，作用比较大的可以加，加到一定数量就不能再加了。

除了以上介绍的 Shopify 插件，还有谷歌插件，比如谷歌翻译工具——沙拉查词插件，可以自动翻译英文或其他语言。原本的谷歌翻译点一下翻译之后全篇就会自动翻译成目标语言，并覆盖掉原文。但是沙拉查词插件并不会把原来的语言覆盖掉，它是在旁边对照着翻译。

做网站经常要找一些高清无版权的图片，下面列的这几个网址是很多卖家经常会用到的，不管是装修独立站还是制作产品主图。

可供独立站使用的图片下载渠道有：

www. unsplash. com，www. pexels. com，www. pixabay. com，www. burst. shopify. com。

还有能批量抓取图片的谷歌插件，如 Fatkun。当你看到某个网站上的图片很漂亮，想要用这些图片，但是收集很麻烦，有的还不能复制，用 Fatkun 这个插件就可以一键获取整个网站上的所有图片。

Alitools 是一个以图识图的谷歌插件。比如看到一个产品但不知道名字；或者产品款式太多，无法识别是哪一款，也不知道怎么搜索到同款的产品。这时直接把产品照片上传到 Alitools 上，Alitools 会自动在速卖通里查找同类或同款产品，并给出每个产品的链接。

如果想在手机上用这个插件也很方便，先下载速卖通 App 到手机上，然后下载安装这个插件。如果看到某个产品想要查一下价格大概是多少，只需要拿着手机拍一下，Alitools 就会自动在速卖通里查找同类或同款产品，并给出每个产品的链接。

插件 PPSPY 可以用来监控竞品的店铺或者其他独立站，使用 PPSPY 能看到竞品的模板、主题，甚至能知道这些店铺或独立站最近卖出去了哪些产品，一天卖出去多少单以及产品销售量等。

说到底，插件只是用来提升运营效率的工具。独立站的运营成败最终还是取决于总体的营销效果和独立站的供应链能力。

10.4 独立站的发货流程

独立站有了订单后，我们就要把产品发给海外的客户。

一般来说，有三种发货方式，第一种是海外仓发货，第二种是虚拟仓发货，第三种是国内发货。

海外仓发货就是我们在海外设立一个仓库，把产品通过海运的方式提前运输储存到海外仓，客户下单后就把产品从海外仓直接寄给客户。优点是能够更快地把产品送到客户手上，提升客户体验，从而提升店铺销量。缺点是需要压货和资金到海外，有滞销压货的风险，还会增加海外仓储成本。

虚拟仓发货现在用得很少。它的本质也是国内发货，是将国内的产品发到海外，然后在海外本地有一个服务商帮忙贴面单，让客户觉得是海外仓发的货，因为贴的面单是海外本土的发货地址。这样做唯一的目的就是让客户觉得这是一个本地发货的包裹，而不是国际物流。这样做的缺点也很明显，就是增加了物流成本和人工成本。

国内发货就是直接从国内将产品发到海外客户手上。国内寄包裹很简单，找快递公司就行，但往国外寄包裹就必须找货代（国际货运代理，简称货代），因为跨境物流的环节比较多，而且很麻烦。货代能帮助处理中间环节，只要把产品订单信息给它们，后面的清关等它们都能搞定。

现在大部分卖家用的是第一种或第三种发货方式。

在 TikTok 平台上卖东西建议选择国内发货，可以规避流量波动带来的风险。因为 TikTok 的流量不稳定，今天来了一波流量，出了 1 000 单，但是明天未必能出 1 000 单。如果觉得下个月能出几千单就把货压到海外，万一销售达不到预期，压在海外的产品成本就很大了。

国内发货到海外快的话 7 天就到，慢的话 14 天也能到，整体来讲客户还是能接受的，在这里我们着重了解下国内发货的整个流程。

简单来说，国内发货的整个流程可以分为两个步骤：第一是采购产品，第二是选择货代。

把产品采购回来，然后选一家货代，把产品打包好，然后向货代下单，货代就会上门取件，整个流程很方便，跟我们在国内寄快递差不多。

采购产品的渠道非常多，1688、拼多多等国内电商平台的供应链都很强，价格也比较低，拼多多上的价格有时比 1688 还低（图 10－4－1）。

图 10－4－1　国内电商平台拼多多与 1688

一般从费用、物流时效以及服务这几个方面去挑选货代。对于中小型卖家来说，服务是非常重要的。如果货代觉得每天单量太少，给我们的寄送服务效率特别低，就会导致我们整体的运营效率也比较低。云途国际物流、燕文跨境物流、递四方跨境物流等都是比较大的货代公司，可以比较它们各自的服务政策、价格、服务区域等，按实际需求选择货代公司。

在比较货代公司时，还有一个关键点需要考虑，就是这个货代公司在你所在的城市有没有上门揽收服务，如果没有上门揽收服务，那就要看在当地有没有网点，能不能把产品寄到它们网点等。

还有比如带有酒精的液体或粉末状的红糖等产品，有些货代是不收的，这个也要了解清楚。

找好货代之后，在 ERP 软件如店小秘（图 10－4－2）上跟货代的系统进行对接，以后直接通过 ERP 下单就可以了。ERP 是非常方便的订单管理系统。

图 10－4－2　常用的 ERP 软件店小秘

最后就是货代上门取件。提前联系货代约定上门的时间，把产品直接交给货代，或者把产品寄到货代的网点，无论哪一种，只要把中间的成本计算清楚就可以了。

10.5　独立站的回款方式

独立站要把收到的客户的钱，转到国内的银行账号，需要经过收单和收款两步。收单和收款是不一样的概念。

收单是客户将钱打到我们的 PayPal 等海外账户上。收了单之后，这些钱不是在我们的银行卡上，而是在 PayPal 账户上，我们不能直接拿出来用。

PayPal 是企业常用的一种收单方式。PayPal 有点类似于中国的支付宝，在海外普及率很高。如果独立站仅有企业 PayPal 账户的收款方式，也能满足

70%～80% 的收款需求，因为还有一些客户只习惯用信用卡。只有企业 PayPal 账户能与 Shopify 绑定，个人账户是不行的，所以在注册的时候一定要注册企业 PayPal 账户。注册 PayPal 账户非常简单，而且 PayPal 也有中文网站，遇到任何问题都可以直接拨打客服电话，解决起来非常快。

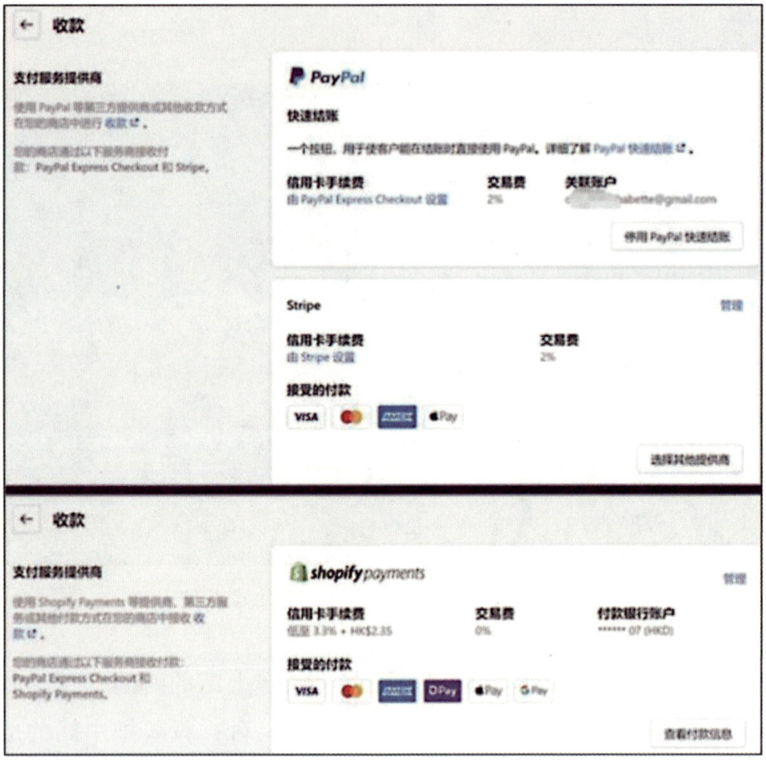

图 10－5－1　某 PayPal 账户及绑定的 Shopify

信用卡收款常用的一些服务商有 Stripe、Shopify Payment、PingPongPay 等。信用卡收款服务商对拒付率的要求都比较苛刻，很多独立站卖家都很难做到，这也让账户存在一定的风险。比如，服务商会监控你的网站，如果发现网站整体的拒付率太高，经常有货不对版或者不是常规产品的情况，可能就会封掉你的账户 120 天，你的钱就要在 120 天之后才能结算。所以我们尽量引导客户通过 PayPal 支付。

用信用卡收款整体来说也会比较麻烦，比如注册 Stripe 需要海外的公司注册，中国大陆的企业是不能申请注册的。Shopify Payment 要先注册一个香港账户，而且风控力度很大，个人资料稍微有一点变动就可能把你的账户封掉，即使申诉成功可能也要 7 天之后才给解封。

还需要注意的是东南亚地区、中东地区或日本用的是 COD 模式，即货到付款的方式，需要物流商协助收款。快递员帮你将产品送到客户手上，客户看到货觉得不错，再付款给快递员。钱会先存在物流商那里，如果这家物流商不靠谱，直接卷款跑路那就很惨了。而且货到付款还有拒收的风险，有些客户可能同时在好几个平台或者网站上购买了产品，看谁的先到就签收谁的快递，后到的就直接拒收，反正下单的时候是不需要付钱的。目前这种 COD 模式的成功收款率还比较低。

收款一般有两个渠道。第一个就是像 PayPal 这种直接把钱打回国内的银行卡，但这样会遇到外汇管制的问题，每人每年换汇不能超过 5 万美元，同时手续费也不低，每一笔是 35 美元。第二个是第三方结汇平台，如万里汇或者 PingPong 这样的结汇平台。用万里汇把 PayPal 的钱结算到万里汇的平台后，再提现到国内银行卡就非常快了，有时秒到账，有时过 1 天就到账了。

显而易见，用万里汇或 PingPong 这样的第三方结汇平台是更好的选择。

另外，万里汇整体的管控政策还是比较严格的，如果我们卖的是虚拟产品，没有物流信息，没有实物寄出，它就不会帮你结算。而 PingPong 整体政策会宽松一些，但手续费比万里汇稍微高一点。

到这一步，我们的钱就从海外回到我们的国内银行卡，可以提出来用了。

附录　品牌崛起的故事

※ 十场直播从零到万

品牌 Tiglily 从婚纱和礼服起家，由 Jane 创立于 2011 年的日本东京。从 2017 年开始，Tiglily 将目光转移到了箱包和珠宝等品类，跻身为覆盖婚纱礼服、箱包、珠宝饰品等全品类的时尚品牌。

2021 年 8 月，时尚品牌 Tiglily 正式入驻 TikTok 电商。仅用 10 场直播，品牌就实现了从 0 到 1 万粉丝的飞跃。短短一个月内单场 GMV 实现 10 倍增长，黑五大促单日 GMV 增长 163%，看播时长增长近 4 倍。

在跨境电商一片蓝海之际，Tiglily 牵手 TikTok Shop 抢先入局品牌出海新阵地。

我们来看下 TikTok 电商如何助力 Tiglily 爆发式增长。

超级流量和内容分发机制，强化品牌鲜活人设

Jane 发现，涉及“Girl Boss”（女老板，女性领导者）人设的视频播放量会非常高。于是 Tiglily 以此为基点进行挖掘和放大，在短视频和直播间以女性领袖、女性创业者的身份分享好物的同时，也分享当代独立女性的婚姻观和事业观，极大地提升了粉丝的喜爱度和信任感。

在建立人设之后，TikTok 电商强大的内容分发机制助力 Tiglily 将有性格、有故事、有情绪的独特人设通过直播和短视频的形式高效地推荐给兴趣用户。优质的素材得到精准的大范围曝光，帮 Tiglily 极大地增强了用户黏性，提升了复购率，传递了品牌质量承诺，提升了用户信任度。

独特内容矩阵打造品牌专属阵地

从品牌人设的打造过程可以看出，TikTok Shop 拥有与众不同的“内容电商”属性。电商视频、电商直播、品牌官号、产品橱窗四大内容矩阵给了商家更多的想象和发挥空间。通过创造爆款内容，商家成功吸引了用户的注意力，直接推动了销售的增长。

（1）打造直播间场景氛围

Tiglily 通过变换直播间和短视频的内容场景迎合消费者心理需求。比如通过打造仓库场景，主播站在一堆包包后做直播间预告，Tiglily 成功营造了一种清仓的卖场氛围，给消费者留下“打折”“低价”的印象，吸引他们关注直播。

（2）丰富直播间形式，引人入胜

Jane 说：“用户对直播间的期待，要么是美观，要么是有趣，要么是专业。”

Tiglily 给自己直播间的定位是“风趣幽默”，在直播间设置了形式丰富的互动环节，一改严肃的传统卖场风格，与观众建立良好的关系。

Tiglily 时常在直播间引导观众进行滚屏互动，如询问观众喜欢什么颜色、款式等。这种互动引导让观众觉得自己得到了 VIP 待遇，下单的意愿也随之增加。而后，商家可以一对一地引导用户下单。

（3）非卖货短视频，积累人气和粉丝

自发分享和交流好物的平台文化，是 TikTok 独一无二的消费现象。在 TikTok 上从被种草到付诸购买行为已经成为全球消费者的新习惯。

在没有直播计划时 Tiglily 也会输出一些日常或预热短视频，在维护粉丝关系的同时也为日后的直播蓄力。

除此之外，在短视频中，Tiglily 还特别注重营造节庆氛围，主播也配合节庆气氛进行穿搭。及时追赶 TikTok 平台时下最流行的内容，跟上热度，也是 TikTok Shop 合作商家增加曝光和吸引新粉丝的独特方式。

深耕 TikTok 生态，精细化运营

TikTok 跨境业务的背后，是强大的 TikTok 生态以及庞大的用户数据。

Tiglily 深耕 TikTok，精细化运营 TikTok 电商业务。

Jane 认为，在起号阶段，Tiglily 占据了“天时”“地利”“人和”。所谓“天时”是指受疫情影响，很多消费行为转移到了线上——这是一个大趋势，直播是电商未来 5 到 10 年的流行形式。

从“地利”来看，“中国特别是珠三角和长三角地区的供应链体系已经比较完善，我们占据了这个‘地利’。”Jane 说道。

至于“人和”，Jane 特别提及了 TikTok 电商给到的帮助。“在流量支持方面，TikTok 平台电商团队的小伙伴给予了我们巨大的支持，帮助我们解决了产品和品牌出海的一系列问题。”

TikTok 生态在宏观层面给 Tiglily 的海外电商业务创造了良好的发展环境，精细化运作更是 Tiglily 的制胜法宝。

“在 Tiglily 的直播间时常可以看到售价仅为 1 英镑的福利款产品。我们可以利用有势能的福利去拉动成交。这是刚开始直播时用到的最重要的手段。”Jane 说。

尽管福利产品本身价值不高，对于用户来说却是无法拒绝的，能够吸引用户停留和成交。这正是 TikTok 直播电商货品组合的特性之一，推出低价高频产品获取用户，推出高价低频产品进行精细化筛选。

Tiglily 利用 TikTok 电商平台个性化精准推荐机制实现了“货找人”。直播间里精致的箱包产品被精准定位呈现到对美观度要求高的用户的手机屏幕前。

在 TikTok 电商的背景下，商家的角色发生了极大的变化，从需求的满足者变成了新内容的提供者，从被动满足需求，变成了消费者兴趣的主动激发者。

个性化推荐让品牌可以从 TikTok 所有用户中找到对品牌感兴趣的潜在客户，并且可以用短视频和直播两种形式使这些潜在客户变成忠粉，直至变成品牌的消费用户。

※ 36 天诞生 TikTok 电商直播品牌新星

YOUNG VISION 创始人超哥深耕美妆品类跨境电商 8 年，是国内最早的一批外贸开拓者，他的创业历程几乎跨越了整个中国跨境电商平台的发展史。

2022 年 1 月，YOUNG VISION 正式入驻 TikTok 电商并开始了第一场直播。从最初的零粉开播到短短一个月内实现看播人数和订单数的双突破，单场成交额呈现爆发式增长，直播时长平均增长近 10 倍。

面对 TikTok 跨境电商新蓝海，YOUNG VISION 携手 TikTok Shop 完成“白牌”向“品牌”飞跃的第一步。

从创始建号到开播运营

2021 年，超哥敏锐地关注到了 TikTok 电商这块“营销宝地”。2022 年 1 月，超哥成功对接 TikTok 电商平台，很快就走完了注册、办理账号到正式入驻的全流程。然而，英语口语流畅、热情开朗的超哥，第一次直播却以零粉零销量惨淡收场。向 TikTok 电商团队积极请教直播技巧后，从第二场直播开始他便坚持每天开播 8 小时，更抓住了春节的流量高峰，让 YOUNG VISION 直播间的热度持续走高，平均看播时长高达 4 分钟，GMV 也呈倍数级爆发增长。

宏观方法论引导 + 细节玩法介绍，强化直播独特风格

TikTok 电商团队始终密切关注着商家的经营效果，YOUNG VISION 的每场直播，从宏观的平台政策、直播方法论分享，到微观的开播时间、场景氛围建议，TikTok 团队都深入参与店铺运营，为商家助力。

（1）勤奋出业绩，挺过新手期

“今天直播间的小小成功，归功于我比别人多看了几眼凌晨 4 点的路灯。”超哥说。一个多月，直播间从零成交至订单量破百，他成功的关键是把所有精力 ALL IN（全情投入）。

由于存在 8 小时时差，为赶上用户活跃高峰期开播，超哥持续克服时差疲劳，直播时保持高能量状态，坚持扩大直播间的运营效果。超哥认为，唯有勤奋努力，才能慢慢看到曙光。

“2021 年春节，我自己一个人干到了年三十，那时直播间刚起步，特别辛苦，义乌还下雪，那种孤独感是很难体会的。当时只要直播间有人，我就跟他互动，粉丝说不知道我哪来那么旺盛的精力，其实我很疲劳，前期是很

难熬的阶段。”超哥说。

（2）打造主播人设，延续直播风格

超哥非常重视主播人设的打造，“有时直播我会把仓库、展厅还有办公室都展示给粉丝看，用搞笑的方式跟他们聊天，亲和力是增加销量的重要因素。”他擅用搞笑舞蹈、夸张表情吸引流量，与客户建立情感链接。

超哥认为送礼物能有效助力直播间引流，更大程度地获取消费者的好感，是生意增长的放大器。

“曾有儿童福利院的收件地址订货，我送了好多礼物，那个客户很感动。花小钱赢人心，得到粉丝好感后，他们会主动帮你分享。”

YOUNG VISION 直播间粉丝以女性消费者为主，打造直播氛围尤其重要，超哥曾熬夜 4 小时搭建“公主范”布景，被粉丝大赞惊艳。

（3）维护老客户关系，刺激老拉新

“精心维护老客，增强他们的价值感，是保证流量的制胜法宝。”这也是超哥的粉丝增长秘籍。

老客光临直播间，超哥会立马热情招呼。他还会筛选优质老客，运用 TikTok 电商特有的管理功能，相应地给予老客直播间的线上管理权限，让老客参与回复新粉问题，营造一种“自家人心态”。

（4）科学配置团队，严选专才

抛开技巧经验，超哥把团队管理列为关键工作，认为要想做大做强，拼的就是团队管理、供应链深入和直播间建设。

从开始的单人直播，到今天的铁三角团队配置（主播、助播、负责供应链人员），超哥总结说到科学组建团队是成熟直播间的灵魂。

“术业有专攻，主播除了口语流利外，还要有自信、心态好；场控得跟上平台脚步，熟悉玩法；负责供应链的人需要非常了解产品，及时配合直播间的需求。”超哥说。

平台优势生态及强势补贴，缩短店铺起飞路径

超哥坦言，在 YOUNG VISION 一场场直播背后，必须感谢 TikTok 电商对商家的全力支持和诚意补贴，它正提供着许多小白店铺都渴求的蓝海机遇。

“我相信 TikTok 电商会成为整个跨境电商的核心平台之一。因为平台够

给力、各种政策都到位，这是对大家都有益的地方，自然会吸引更多像我一样的商家。”

不同于其他跨境电商，仅作为商家卖货交付的中间角色，TikTok 电商平台拥有助力店铺转型品牌的力量，火爆直播间、花样短视频、完善的客户管理系统，为店铺营造了天然品牌孵化生态，多维度激发商家的品牌基因。

“作为国内最早一批外贸开拓者，其实我已经错过了很多机会，但我觉得我没错过 TikTok 电商这个机会。”在采访中，超哥坚定地说：“我要通过这个平台倾听消费者声音，我想知道他们需要什么，然后去满足他们的需求，在此基础上做我自己的品牌。这样不仅能增加销量，更能发挥巨大的品牌价值。店铺能够做出自己的品牌并占领一个平台打响它，就是折叠了成功的路径！”

YOUNG VISION 未来发展新创想

超哥希望抓住 TikTok 电商蓝海机会，走品牌化路线，强化产品品牌及个人 IP。

他希望通过不断努力成为 TikTok 电商美妆品类最受欢迎的店铺；通过品牌化运作，把品牌、个人 IP 通过 TikTok 电商打出去；更希望有机会助力缺乏优质货源的小白卖家，为他们提供可靠的货源。

在这个高速营销时代，短短一个月内，经过不断打磨，严选人才，科学配置团队，超哥让直播间运营更加成熟且独具风格，积累了高黏性的粉丝群体，实现了销量的稳定增长，开启了迈向品牌转型的第一步。

超哥的故事也证明，商家掌握 TikTok 电商平台风向，勤恳摸索赛道规律，坚持熬过冷启动期，就能获得更多潜在消费者的青睐，实现生意的长效经营。

※ 六十场直播，品效双重爆发增长

2019 年 7 月，母婴童装品牌 hibobi 正式创立，目前已成为中国跨境母婴 DTC（DTC 指品牌直接触达终端消费者，专注消费者体验，并建立个人化客户关系的营销模式）巨头之一。hibobi 立足全球市场战略，致力于通过供应链升级和数据开发为消费者提供合适的产品，成为全球最大的一站式母婴购物品牌。Morgan 作为 hibobi 在 TikTok 电商业务板块的运营负责人，果断入局内容电商平台，迅速被 TikTok 电商的一站式营销生态所吸引。

2021 年 11 月 hibobi 入驻 TikTok Shop，抓住了入场的黄金期。仅用一个月就从 0 粉开播到粉丝超 2 万，单场观看人次过万，单场直播销售突破万单，儿童打底裤、女童裙装等多款热卖产品入选英国 TikTok 精选产品。

截至 2022 年 6 月，通过累计 60 多场直播，hibobi 凭借敏锐的市场嗅觉及精准判断，抢先占领母婴垂直赛道，让品牌形象走入用户内心，实现了品效的双重增长。

TikTok Shop 试水到深耕，精准把握每步决策

hibobi 很早就看到了 TikTok 电商这片跨境电商新蓝海。

在对直播间进行了主播、选品、玩法等全方位升级后，运营效果很快呈现出来，直播间实现了销量翻番的好成绩，这坚定了 hibobi 深耕 TikTok 电商的决心，也让 hibobi 走出了最初的迷茫。随着开播次数增加，赛道玩法愈加清晰，hibobi 不断完善运营模式，最近一场大促更是取得了单场订单量破万的好成绩。

从最初的试水磨合期，到对平台玩法的熟练掌握，hibobi 立足平台优势生态，开拓全球生意，追求品效突破式增长。

（1）解锁赛道直播新玩法，创新重塑主播人设

起初，hibobi 认为女主播更适合母婴赛道。但是团队内部推荐了一位 3C 男主播，刚开始觉得不太合适，但后来试播了一下，效果却出奇的好，扮成奶爸形象的男主播非常吸引年轻妈妈，颠覆了固有思维。

不同主播适合不同赛道，童装品类一般需要主播风趣、有亲和力，融合团队创意，hibobi 最终决定为主播打造奶爸人设，“可能大家对 3C 主播有种印象，觉得他们很严肃，但我们长期接触这位主播下来，发现他是一个很幽默的人。卖童装就是要有趣、有亲和力，而这个主播具备这种优势。”对于推荐主播背后的思考，hibobi 这样解释。

（2）分析洞察消费偏好，科学调配选品占比

通过分析和洞察母婴赛道的用户需求偏好，hibobi 的供应链团队积极寻

找高性价比的货盘，同时基于直播的结果不断优化调整选品策略。品牌内部不断碰撞选品思路，最终在实践中选定了适合 TikTok 电商的货品组合，取得了优异的销售成绩。

“针对宝妈喜欢高性价比产品的特点，hibobi 调整了货品结构，现在我们 20%～30% 是引流款，用于吸引更多用户看直播；60% 是爆款；10% 是利润款。”hibobi 总结，只有科学的货品组合策略，才能确保每场直播都获得高销量。

“除了洞察用户，我们也会根据上一场的直播数据调整下一场直播的货品占比，这些数据是动态变化的，所以我们要持续跟踪。幸运的是，团队对货品这块认知很深，内部沟通也很密切，平时遇到问题很快就能找到解决方案。”

（3）装修调性布局统一，强化夯实品牌记忆

从几个月前的新手入场，到今天的赛道头部品牌，hibobi 的整个成长发展过程都几乎离不开团队成员的深度沟通和配合。团队讨论出了一些很关键的玩法技巧，刺激用户在直播时下单。除了挑选主播、配置选品和精心布局外，hibobi 在整个直播场景的搭建上也花费了很多心思，他们认为卖童装一定要充分考虑妈妈的感受，装修氛围需要营造温馨感。

同时，hibobi 认为品牌要深入人心，有记忆点，品牌 Logo 和主调性就要贯穿始终，直播间风格也要保持统一，不能频繁变化。hibobi 的直播间装修基本都保持一个调性，大促或上新时也会换下背景并增加一些细节装饰，也会根据不同节点增加一些活动玩法，吸引用户参与进来。

（4）巧妙借力主题活动，经营培育用户心智

除此之外，hibobi 品牌方不断更新营销计划，策划节奏性大促，通过阶段性活动持续获得消费者青睐，实现品效双重提升。

“为了配合英国消费者日常习惯，现在 hibobi 每周都会在固定日子策划主题大促，用有节奏的活动吸引消费者的注意力。例如周三是我们的固定上新日，通过推出一些新品增加老客户的兴趣；周五是品牌日，利用英国消费者的休闲时间主推核心爆款输出品牌理念；周日则是亲子日，用亲子装和玩具吸引妈妈们。”通过每周主题大促，一点一滴培育用户心智，持续经营品牌好感，养成用户忠诚度，同时刺激成交量，撬动品效双收。

“我认为品牌入场 TikTok 电商不单是为了短期销量，最终是为了实现对用户心智的教育。对 hibobi 来说，英国市场是成长性的，需要有一批用户一起成长，因此，hibobi 只有打透用户心智，让用户认知、记住、喜欢它，品牌才能走得更远。” hibobi 这样强调品牌出海的意义。

清晰增长目标，抢占 TikTok 电商蓝海市场

面对 TikTok 电商巨大的市场吸引力，越来越多的品牌商家开始尝试进场探索。对于刚起步的商家，想快速进入赛道抢占先机，入驻 TikTok 电商前就要明确自己的目标，然后精细分解各阶段的发展目标，如：入场初期为提升销量可重点丰富直播玩法；成熟阶段塑造品牌形象可蓄力打透用户心智。瞄准目标规划营销动作，才能实现品效双收，抢占 TikTok 电商蓝海市场。